U0917364

沈水书坊

茶熟香温读沈阳

盛京瓷话

初国卿——著

沈阳出版发行集团
沈阳出版社

图书在版编目（CIP）数据

盛京瓷话 / 初国卿著 . —沈阳：沈阳出版社，2019.8
（沈水书坊）
ISBN 978-7-5441-9772-4

Ⅰ . ①盛… Ⅱ . ①初… Ⅲ . ①散文集—中国—当代 Ⅳ . ① I267

中国版本图书馆 CIP 数据核字（2018）第 227850 号

出版发行：沈阳出版发行集团|沈阳出版社
（地址：沈阳市沈河区南翰林路10号 邮编：110011）
网　　址：http://www.sycbs.com
印　　刷：辽宁泰阳广告彩色印刷有限公司
幅面尺寸：130mm × 190mm
印　　张：7.375
字　　数：100千字
出版时间：2019年8月第1版
印刷时间：2019年8月第1次印刷
责任编辑：赵长伟
封面设计：R润泽文化
版式设计：R润泽文化
责任校对：张　旭
责任监印：杨　旭

书　　号：ISBN 978-7-5441-9772-4
定　　价：49.80元

联系电话：024-24112447
E - mail：sy24112447@163.com

总 序

初国卿

“沈水书坊”是沈阳出版社精心策划的一套地域文化小丛书。丛书中的每一本都集中一个方面的选题，小角度，大视野；小题目，大纵深，融地方性、知识性、趣味性和浅学术性为一体，为读者提供了不同于以往的了解沈阳的阅读文本和文化视域。

将此套书名之“书坊”，主要是体现在它新颖的策划和独特的制作过程。“书坊”本就是古时印刷并出售书籍的地方，抑或称之为“书林”“书堂”“书棚”“书铺”者，但更多的是泛称“书坊”。如朱熹在《答胡季随书》中说：“误本之传，不但书坊而已，黄州印本亦多有。”《儒林外史》第十四回说：“马二先生上船，一直来到断河头，问文瀚楼的书坊。”早年沈阳城里也多有“书坊”，如曾经编校刊刻《红楼梦》的程伟元，1817年左右就在沈阳兴办了“程记书坊”，刻印了许多子弟书。如今“沈水书坊”在继承与发扬传统文化的基础上，着意于现代策划与制作手段上下功夫，推出第一辑五种作品，无疑是“弘扬沈阳文化，讲好沈阳故事”的有益尝试。

“沈水书坊”第一辑共五种，每一种6—8万字，小题目，短篇幅，叙事单一，适合阅读。这五种是：《盛京瓷话》《沈水散叶》《紫气东来》《沈水听涛》《巨变观澜》。

《盛京瓷话》以历史发展为序，勾勒出了沈阳在中国陶瓷史中的独特地位：有着7000年的制陶史，发现了3000年前的古窑址，走出了中国“陶圣”唐英，成就了“辽瓷之父”金毓黻，诞生了民国时期首屈一指的中国机器制瓷企业肇新窑业。在现代陶瓷产业中，南有“中国瓷都”景德镇，北有“中国瓷谷”沈阳法库。

该书将沈阳陶瓷史上最可述说的历史与人物都做了散点式的描述，从中可清晰地读到沈阳陶瓷的发展脉络。

《沈水散叶》以刘义庆《世说新语》、郑逸梅《林下云烟》、余世存《非常道》等书为摹本，选取沈阳人精彩的言行和在沈阳土地上发生过的历史瞬间，以小故事、笔记体的形式，分类分细节展现沈城历史名人的精神要素，并加以主题化的阐释与解读，不失为一部萃集着沈阳历史名人言行的好看、好玩、好记的作品。

《紫气东来》以沈阳故宫为主题，展示近400年来丰富的物质和非物质文化遗产，将沈阳故宫的文化与历史以散文随笔的形式娓娓道来，内容包括皇家建筑、名人轶事、民俗文化、典藏文物和文化随想等，不仅抒发了故宫人对沈阳故宫的情感与热爱，同时也会使更多读者通过文字了解沈阳故宫，走进沈阳故宫，并因此关注和喜爱这处世界文化遗产，进而更加热爱中国古代历史与灿烂文化。

《沈水听涛》以评论和随笔的形式回顾与述说了沈阳舞台艺术的多姿多彩：如京剧从“关外唐”的艺术风范，到《将军道》的舞台力作；评剧从“韩花筱”三大流派的形成，到《我那呼兰河》的卓有建树；话剧从深得周总理关怀的《兵临城下》，到名扬九州的《搭错车》等“探索三部曲”；杂技从蔡少武的飞车绝技，到《天幻》《龙幻》的全球足迹……数尽沈阳的舞台艺术发展历史，令人耳目一新。

《巨变观澜》侧重从工业文化的角度，回顾沈阳工业发展的不平凡的历程和对共和国的巨大贡献。作者从中国工业博物馆的具体藏品入手，展开对沈阳工业发展的真情回顾，其中不乏对老一辈工人阶级的讴歌和怀念，对劳模精神、工匠精神的提炼和升华，对波澜壮阔的大工业生产的细致描述，充满珍藏过去、展示未来的人文情怀。

相信“沈水书坊”第一辑的丰富内容与简约精巧的写作方式，能获得读者的喜欢。同时我们也期待“沈水书坊”能不断推出更多更好的选题，为沈阳的文化繁荣，做更多的贡献。

自 序

毫无疑问，陶瓷文化是沈阳物质文明和人文历史中的重要组成部分。2014 年，我的《沈阳陶瓷图鉴》出版之前，文化界中人不乏质疑之声：沈阳有陶瓷文化吗？我听到后只能引用《颜氏家训》中的话来回答：“读天下书未遍，不可妄下雌黄。”其实，任何人都不可能读遍天下书，颜氏也无非是在强调后一句。但凡为人不仅要多读书，更要读得懂空气。对自己不知之事或所非专业之事，断不可“妄下雌黄”，否则不仅容易露怯，甚至贻笑大方。事实证明，沈阳不仅有陶瓷文化，而且在中国陶瓷史上，沈阳还占有重要地位。

今年夏初时节，因为承担中央文史馆“辽瓷在沈阳的发现与研究”这个课题，与沈阳市文史馆课题组相关人员一起到景德镇考察。这是我第三次到景德镇，期间拜访了数位国家级工艺美术大师，于昌江两岸参观考察了珠山御窑厂、中国陶瓷博物馆、高岭村古矿遗址、绕南古窑遗址、湖田窑窑址、三宝瓷谷、陶溪川文化创意园、唐英学社等，每到一处都有朝圣般的感觉，似乎回到了文化心灵的故乡，为我们这个民族所创造的陶瓷文化而自豪，而自信。所拜访过的景德镇陶瓷艺术家和陶瓷学人，对我们这些沈阳来客都热情有加。他们说，景德镇的辉煌，景德镇的陶都地位能有今天，四位沈阳和辽宁“督陶官”功不可没。

景德镇人念念不忘的四位“督陶官”是郎廷极、年希尧、唐英、杜重远。尤其是唐英，他是景德镇人所敬奉的中华四陶圣之一。我们知道，在中华民族悠久的历史文化长河中，圣人众多，文圣、史圣、诗圣、书圣、画圣、草圣、茶圣、酒圣、医圣、药圣、武圣……然而这些圣人几乎都在江南或是中原，其中只有“陶圣唐英”是东北沈阳人,东北只为中国历史贡献了这么一个“圣”。然而对于陶瓷来说，只有这样一个圣人也就够了，也足以能引起世人对沈阳的关注，对沈阳陶瓷的关注。辉煌灿烂的中国陶瓷史，如果没有这几位辽宁人、沈阳人，可能会失色很多。

然而沈阳的陶瓷文化，就知名人物而言，又绝不仅仅只有这几位“督陶官”，还有为清前“两宫四陵”建设烧造琉璃瓦和建筑构件的侯振举，有“辽瓷之父”金毓黻，有辽瓷研究的开拓者李文信。就陶瓷窑址与成就而言，则有7000年前新石器时代的新乐古陶，有3000多年前青铜时代的高台山古窑，有2000年前的秦砖汉瓦，有1000多年前辽金时期的江官屯窑和叶茂台窑，有明末清初为皇宫和皇陵提供琉璃瓦的黄瓦窑，有民国时期最知名的民族品牌肇新窑业。

这就是沈阳不能不说的，可圈可点的7000年陶瓷史，它为后人提供了最值得骄傲和自豪的史实与遗存，其中更有许多闪光的亮点和独一无二的奉献。我们所要做的就是对沈阳陶瓷文化的深入发掘、整理与研究，这是我们后人的义务与责任，《盛京瓷话》就是这样一种尝试。如此，我们才能对得起给予我们生命与财富的这片土地，我们的乡愁才会得以寄寓和慰藉。

作者简介

初国卿　1957年生于辽宁北票市，主要研究方向为唐诗、辽海文化与名物学。出版散文集《不素餐兮》《春风啜茗时》《浅绛轩序跋集》《瓷寓乡愁》等。作品曾入选大学教材与多种选本，获第三届“辽宁文学奖”。

目 录

这里从来不缺少陶瓷文化，但却缺少陶瓷话语，今天终于有了《盛京瓷话》的出版，为“陶圣故里”再添一笔亮丽的釉色。《盛京瓷话》以随笔的形式，遴选沈阳7000年陶瓷史上最值得述说的内容，如甑黍饭、东北第一窑、候城井圈、辽瓷之父、藉草围棋、陶圣、又见肇新等等，或一人一事，或一窑一物，以随笔的形式娓娓道来，如数家珍。每一篇都有新颖而丰富的内容，每一篇都有动人的风致。

——沈阳故宫博物院名誉院长 李仲元

家住新乐

我在沈阳学习工作了40年，虽然几次搬家，但搬来搬去，最终还是回到新乐附近。或许是这个地方吸引我，或许是这个名字让我感兴趣。因为在沈阳历史上的九个别称里，我最喜欢的是“乐郊”一名。因为我希望在城市的所居之地最好不在市中心，但也不要太远。不要太远是出行方便，不在市中心是周边有繁茂草树，有“郊”的野趣，而新乐地区则正好符合这个条件，颇有“乐郊”之感。

住在新乐附近，当然就与新乐人有缘，每每外出时都能从他们的部落前经过，站在家中的露台东望，也能看到新乐那地方的迷离云树。为此我还曾撰了一副对联，特请著名画家杨一墨书写："早起凭栏，一脉乐郊都到眼；晚来把酒，三分无赖正当头。"细想也是，7200年前老祖先选择的部落居住之地，一定是这个地区里最适合人类居住的地方，冥冥中一定有神助，一定是"天人合一"之所。

我的随意之想后来也被证明是正确的，因为新乐所在地区是沈阳西北角，在冬天沈阳空气相对不好的时候，往往刮的都是西北风，所以这里最先接受来自西北的田野风，是谓上风头。另一点是新乐所在地区是沈阳北部的第一个高台，再往北则是二台子、三台子，所以不管下多大的雨，这个地区从无水患。由此可知，当年新乐人选择部落之地是多么地聪明，况且他们临水而居，居住地台下就是浩荡的浑河。他们在后来形成的"三叠沈水"中的第一叠岸边尽情地享受浑河的波光水影，用河中的水和岸上的黄土，和泥制陶，烹煮食物，为沈阳聚集起了第一个人类部落。

20 世纪 80 年代初，我大学毕业后住在新乐附近，距现在的新乐遗址博物馆不到一里地。那期间，有幸认识了住在新乐电工厂的北陵公社农业技术员孟方平先生。当时我很爱吃辽西老家的荞麦面，在 1983 年第 2 期的《农业考古》杂志上读到了他的《说荞麦》一文。后来又知道他曾在新乐电工厂里发现了有刻画痕迹的陶片并引起注意，后经文物部门专家鉴定，这些陶片来自遥远的史前年代。随后，文物部门在这里进行发掘，从而发现了著名的新石器时期古人类文化遗址，考古界将其命名为“新乐遗址”。后来孟先生成为新乐遗址研究的专家，在我写作《发现太阳鸟的人》时为我提供过许多资料。对于当年的新乐地区，他曾诗意般地向我描述说：“这里在距今 7000 年的时候，浑河水浩荡西流，四季温暖，雨量充沛，草木繁茂。新乐人居住的台地上有以柞栎为主的阔叶林，林缘和河边坡地则有山杏、山里红、悬钩子、榛子等野生果树，河流两岸的平川地，则有茂密的榆木林，雨季到来，河水泛滥，水势凶猛，颓岸拔树。枯水季节，河汊纵横，池沼棋布，水族富饶，鸟兽群集。因为浑河，因为这样的自然环境，才养育出了新乐文明。”孟先生的描述，对照今天沈阳寒冷的冬天和不断干燥的风沙气候，与新乐下层所代表的 7000 年前的世界，真是沧海桑田般的不同。

新乐遗址经过考古部门的四次挖掘，在近 18 万平方米的面积中发掘出房址 30 余座，出土各类遗物 3000 多件。遗址分为三个文化层次，其中，被学术界命名为“新乐下层文化”的底层遗址是辽河流域目前发现的最早的新石器时代遗址，出土了数量较多的尖状器、刮削器、石镞和打制的网坠等磨制石器，还有木雕、煤精制品、玉器及陶器等。这里成为史前最重要的古遗址，为沈阳悠久历史增添了浓重一笔。

当然，新乐出土最多的最壮观的还是陶器。沈阳的陶瓷历史就是从新乐开始的。我喜欢陶瓷，研究沈阳陶瓷文化史，也是缘于家住新乐。

八百陶

每次路过新乐文化遗址博物馆，我都要看一眼博物馆正门墙壁上那一幅褐色浮雕画，画中间上部两个新乐人正在制陶，一个在拉坯，悠然自得；一个在划花，神情专注。图的下方是制成的陶器，有斜口器、双耳壶、罐和碗。这幅新乐人的制陶图，让我想起了新乐考古出土的大量陶器个体，那是新乐遗址的震撼发现。

新乐遗址博物馆是国家级文物保护单位，几乎所有的沈阳人都知道这里出土了一件木雕鸟，是当时新乐人的图腾。但却鲜有人知道，这里还出土了那么多陶器。沈阳市相关文物考古部门自1973年至1993年，对新乐遗址进行了5次包括试掘、正式发掘和抢救性清理发掘，在5000多平方米的发掘遗址中，发现新乐下层房址遗迹44处之多，发现各种陶器个体近800件。同时还证明他们制陶的地点就在其居住的部落中。如此数量的陶器，在同时期的部落遗址考古发现中也是比较多的。

据沈阳市文物管理办公室《沈阳新乐遗址第二次发掘报告》介绍："新乐遗址第二次发掘出土的陶器大部分集中出土于房址内东北角，少数在四周柱洞附近，又是大小不同的倒置套在一起。这些陶器印纹清晰，像是储备之物。在集中出土骨器的附近，地面上堆放着细沙，这些细沙除研磨穿孔之外，就可能是制作陶器所用的掺合料。一些骨器作为制陶工具的可能性也比较大。"这说明，新乐遗址既是当年新乐人的居住地，也是他们的制陶作坊。曾任新乐遗址博物馆馆长的周阳生先生在《新乐遗址考古发现与发掘始末》一文中说："二号房址出土陶器的完整程度出乎人们意料，二号房址出土的陶器除个别器物被现代沟打破遗失而外，绝大部分陶器都可以完整地复原，竟有 40 件之多，这与一号房址出土的近 200 件个体中仅可修复几件完整陶器的情况，形成明显的反差。二号房址的陶器大部分集中出土在东壁下的北端，其中还发现有大中小三个陶器套在一起的现象，还有些陶器的底部甚至没有使用或磨损痕，很像一个陶器储藏室，其完整程度是遗址发掘中极其少见的现象。”陶器制作出来，一时使用不了，还能储存，这说明当时新乐人的陶器生产已有相当的规模，产生了剩余部分。不仅如此，从这些出土陶器中，更可见出 7000 多年前的新乐人在陶器制作上已达到相当高的工艺水平，且器型多样、纹饰简约，表现了沈阳祖先高超的制陶技术与生存智慧。

新乐出土的陶器主要以夹砂红褐陶为主，约占陶器的 90% 以上，少数为夹砂灰陶和夹砂黑陶，还有极少数的泥质红褐陶、泥质灰褐陶和夹滑石陶等。工艺皆为手制，以泥片接筑法制成，如主要器型深腹罐都是先制底后加壁，可能已使用慢轮。器型规整，陶壁薄厚均匀，内壁压光，外壁通体施纹。大型陶器如深腹罐通高可在50厘米以上，而且器壁仅厚一厘米左右，堪称奇迹。小型陶器如小碗只有残高0.5厘米。这些陶器火候较低，胎质较疏松。

新乐遗址出土的陶器器型多样，有深腹罐、斜口器、敛口罐、高足钵、陶瓮、陶碗、陶塑、疑似纺锤等。这些陶器大部分都有纹饰，其中主要是压印之字纹和弦纹，也有器型多种纹饰互见，交替使用。

新乐800陶器，这是沈阳7000年前的祖先留给沈阳人一份最宝贵的文化遗产。

火簸箕

走进新乐遗址博物馆，正面的一座雕塑是一件形制特异的“斜口器”，这是新乐考古出土的800多件陶器中最珍贵和知名的一件陶器，学界又俗称其为“火簸箕”，认定其为新乐人贮存火种的器具。

人类所用的火种最早来自天然火。如北京猿人乃至其后漫长的历史阶段里，古人类为保留火种会挖一个洞，并不断地丢入树枝等可燃物来保留火。在这种“持续燃烧法”保留火的过程中，古人类从烧烤地附近的土变质中受到启发，发明了陶器，从而制作了第一个陶制火种器，这样可以移动火种了。

经过了至少5000多年，新石器时代以前的陶制火种器已极为难见了。2007年，河南洛阳市文物队在对孟津寨根新石器时代遗址进行考古发掘时，在一座5600年前仰韶文化时期的房基中出土了一件手制的夹砂红陶厚胎器。此陶器呈亚腰桶形，口径4.5厘米，底径9厘米，高12厘米。经考古工作者研究发现，这件貌不惊人的陶器竟是一件用于贮存火种的容器。其实，早在洛阳出土这件火种器的20多年前，沈阳新乐遗址的“火簸箕”就出土了，只是缺乏充分的宣传罢了。

新乐出土的“火簸箕”有多件，大体都是敞口、斜壁、小平底，有的斜口呈“凹”形，有的斜口呈“U”形，总体为簸箕状。也有人称其为“斜口缸”，还有学者称其为“簸箕形器”或“异形器”等。这种器形在辽海其他地区如富河沟门遗址、兴隆洼遗址、左家山遗址、敖汉旗四棱山、赤峰西水泉等红山文化遗址中也有发现。说明此类器物是7000到5000年前这一地区原始居民的常用器物。

新乐遗址出土的“火簸箕”大都是1973年第一次试掘和1980年第三次抢救性发掘时发现的，典型的高31厘米，一侧斜口如簸箕，口沿外侧作两条之字纹带。“火簸箕”大多发现在“边灶”旁，这为“火簸箕”的用途研究提供了新线索。考古学界在“火簸箕”的用途上常有不同的认识，有的认为是盛水的，有的认为是采果的，还有人认为是当簸箕或撮子用的。由于“火簸箕”发现在火膛边，可进一步证明这类器物是移置火种或撮灰之用的，所以学界通俗地称它为“火簸箕”。关于“火簸箕”的用途与意义，姜念思先生在《沈阳考古发现六十年概述》中有过精确的论述：“新乐遗址出土的斜口器是一种器型很独特的器物，其功能推测是用来保存火种的。与此相似的器物还发现于辽西的红山、富河和小河沿文化，在吉林左家山遗址中也有出土。但上述文化的年代都晚于新乐文化，说明它们的斜口器可能源自新乐文化，由此可见新乐文化的广泛影响。”

类似“火簸箕”这种火种器是目前我国发现最早

的人类贮存火种的容器，它具有便捷、实用的功能，不仅降低了火灾发生率，并有助于火种的到处挪动。而新乐遗址出土的“火簸箕”，其簸箕形设计更有利于火种的贮存、移置与播撒，同时这种红夹砂陶还有耐高温等特点，因此在人类用火史上占有重要位置。

甑黍饭

4000 多年前，在沈阳，一股糯糯的、甜甜的黍米饭香，借着西北风从新乐地区飘出，掠过河边的蒲尖和蓼花，弥漫在碧波荡漾的浑河上。这就是新乐人用陶甑蒸出的沈阳最早的黍米饭香。

这最早的黍米饭，需要满足两个最主要的条件才能蒸出。一是能蒸饭的陶甑，一是去了皮的黍米。而对于 4000 多年前的新乐人来说，这两个条件都已具备。在新乐遗址博物馆里，既有出土的陶甑，又有出土的炭化了的黍。

甑是一种古代陶制炊器，半圆形，有耳或无耳。底有具备箅之功能的方孔或圆孔，有的在器壁近底处也有孔。甑不能单独使用，必须置于釜或鬲等上面。甑内置食物，利用釜或鬲中煮水产生的蒸汽上升到甑中，将食物蒸熟，如同现代的蒸锅。甑与釜或鬲合起来的器物称甗，甗则包含了甑和釜或鬲两部分。这在陕西半坡遗址和沈阳新乐遗址中都有出土。

提到甑，就会想起“甑尘釜鱼”的典故。这个典故出自《后汉书·独行传·范冉》：“所止单陋，有时绝粒，穷居自若，言貌无改。闾里歌之曰：‘甑中生尘范史云，釜中生鱼范莱芜。’”东汉时人范冉，字史云，山东莱芜人，曾为莱芜县令，世人称其为“范莱阳”。归隐后家贫，时常断炊，致使甑里蒙上了厚厚的灰尘，釜中也生出了蠹鱼。但他却不以为意，言笑自若。乡里人作歌谣调笑他说：“甑中生尘范史云，釜中生鱼范莱芜。”后以“甑尘釜鱼”形容生活贫困，也比喻官吏清廉自守。

新石器时代老祖先所发明的蒸器至春秋战国，再经先秦两汉，一直使用下来，到了明代，甗的材质已有多种，《本草纲目》集解说：“黄帝始作甑、釜。北人用瓦甑，南人用木甑，夷人用竹甑。”直到现在，尽管材质或方式进化了，名称也变成了“蒸锅”，但原理一如当年。“甑”本身也早已成了生僻字，除了考古与历史专业，已很少再用，但在陕西关中地区这个字还很鲜活。看过电视剧《那年花开月正圆》的人都记得。剧中女主人公周滢爱吃的一种糕就还用这个字：甑糕。它是当地一种传统风味小吃，用糯米、红枣、红豆置铁甑上蒸制而成。

4000 多年前的新乐人有了甑，也有黍。黍是北方常见的一年生草本植物，其穗结浅黄色籽实，脱皮后称“黄米”，具有很强的黏性。《说文解字》道：“黍，禾属而黏者也。”黍是中国最早的农作物，在《诗经》中就有“无食我黍”之句，再往后，更有名的则是孟浩然《过故人庄》中的句子：“故人具鸡黍，邀我至田家。”在我老家辽西，世代农民总要种上几亩地的“黍子”，虽然产量很低，但不能不种，因为它是旧时一年中过年过节必备之食物。老家人将其称为“大黄米”，是相对于一种黏谷子脱皮的“小黄米”而言。过端午节时，大黄米用来包粽子；过年时，大黄米又用来蒸年糕，而“小黄米”虽也很黏，但只能用来蒸豆包。

当年的新乐人，因为还没有发明“面”，所以他们用陶甑所蒸的也只能是黏黏的黄米饭。而他们所食用的黍是野生的还是种植的，尚难以考证，但有一点可以肯定，新乐人已开始熟练地采集谷物，能蒸黄米饭了。至于是稀饭还是干饭，只能让我们来想象了。

这方面，新乐遗址博物馆中的一座雕像或许能启发我们：一个男子蹲在地上，左手按着磨石，右手拿着刚磨好的石器在欣赏。男子右侧有位女子，身边放着一个淘米用的陶罐，右手捧着一个尖尖的陶碗，正在看碗里的食物，或许就是黍米饭。她的身后还有一个女伴，正在石头上磨黍。而磨黍女人身边还着一个斜口器，磨好的黍米大概要放进去簸掉皮。

“火簸箕”——既能保存火种，还能簸糠成米。智慧的新乐人，给了沈阳人最早的黍米香。

东北第一窑

初夏时节，驱车从沈阳走304国道，过辽河大桥近新民市北行进入106省道，不到10公里就到了高台子镇。只见镇北有三座小山迎面而来，询之路边老翁，分别称为西高台山、腰高台山和东高台山。在东高台山脚下就是著名的全国重点文物保护单位——青铜时代的高台山遗址。这里曾有考古发现的东北最早的古窑址，我称之为“东北第一窑”。

站在东高台山脚下，隔公路西望，西高台山和腰高台山一片葱茏，与东高台山摆成一道弧线。山脚下缓坡边接绵延的沙丘，沙丘四周是一望无际的平原。遗址主要分布在东高台山南面山脚下的高台地上。沈阳市文物管理部门曾于 1973 年至 1980 年共进行了 5 次发掘，结果表明，高台山是一处包含上中下三层不同时期文化遗存的古代遗址。下层属于新乐文化，中层属于偏堡子文化，上层属于青铜时代文化，而以青铜时代早期文化为主。其起始年代约与分布于医巫闾山以西的夏家店下层文化相当，大体在夏代至商代早中期。

在高台山文化层上，曾发现大量陶器个体，其中对于沈阳陶瓷史来说最有价值最令人振奋的则是沈阳乃至“东北第一窑”的发现。沈阳新石器时代的新乐文化遗址虽然出土了 600 多件陶器个体，有这么多的陶器，肯定会有窑址，但新乐考古却没有发现窑址，这是一个很大的遗憾。如果新乐文化能发现新石器时代的窑址，那“东北第一窑”将不会是高台山了。

我来到高台山遗址时，只见有不同时期所立的三通市、省、国家重点文物保护石碑，遗址则被一大片玉米地所覆盖。深入玉米地里，不时能看到红色的平砂陶片。而陶窑遗址也难以寻到，只能到当年的考古报告中领略了。

据《新民高台山新石器时代遗址 1976 年发掘报告》介绍：高台山陶窑是 1976 年发掘时发现的，地点在东高台山脚下高台地上的东南端。此窑室废弃后曾作为灰坑使用，考古工作者在这个坑里曾发掘出多件可复原的大件陶器。“窑室平面略呈方形，正南北方向。残长 1 米，宽 1.2 米。南部已全部被破坏，不能复原，西北角尚残存高 40 厘米的红烧土窑室内壁。下面草拌泥窑箅厚约 12 厘米，均已塌毁，箅孔直径约 3 厘米。窑底南高北低，有三条放射状烟炱残痕，当为火道，推测或与半坡横穴窑相仿，但箅孔不太靠近周围。”这是东北地区考古发现最早的陶窑，其意义不仅仅是一个陶窑残址，重要的是为沈阳的陶瓷历史地位奠定了坚实的基础。

据西安半坡博物馆编辑的《西安半坡》一书记载，中国目前最早的陶窑是在距今 6000 年的西安半坡遗址发现的。半坡遗址的陶窑有横穴窑和竖穴窑之分，其结构可分为火口、火膛、窑箅、火道和窑室五个部分。横穴窑的窑室在火膛之侧，火膛呈横长的圆筒状，窑壁周围有几十个火孔，火由火孔中向窑内灌进，以增加窑内的温度。竖穴窑的窑室在火膛之上，窑室底部为窑箅，上有十几个火孔，就像我们的火炉里中间隔离木炭和炭灰之间隔离层，起着承放陶胚之用。由火口、火膛进来的火焰经火道、箅孔进入窑室。这说明半坡人在制陶技术上已达到了一定的先进水平。接下来是在距今 5000 年的仰韶文化遗址中发现的陶窑，也分为横穴窑和竖穴窑两种，设计更为先进。与半坡和仰韶文化的陶窑相比，高台山陶窑虽然略晚，规模也显得较小，但这在东北地区已极为难得。它在中国陶瓷史和辽海文化史上的价值与意义，还有待进一步发掘。

在有着陶窑遗址的高台山，其发现的陶器器型自然也更为丰富和多样。有碗、罐、钵、壶、缸、瓮、鼎、甗、鬲、甑、豆、纺轮等。质地以夹砂红陶、红褐陶为主。工艺多为泥条盘筑，间有泥片接筑，小件器以手捏制。火候较高，密致坚实。表面多施有红陶衣并磨光，有的可见明显的磨压条痕。口沿多在内侧抹斜成尖唇，有的还向外“回泥”，形成外迭唇。陶器表面多以素面为主，纹饰仅有少量划纹、椎刺纹和附加堆纹。这样的工艺，与沈阳其他青铜遗址发现的陶器中大同小异。

迎着初夏的阳光离开高台山镇，回首高台山，实在看不出山的奇崛与高耸。如果不是因为“东北第一窑”，这座海拔只有百米的小山可能不入任何人眼中。而正因为这“东北第一窑”，高台山才在中国文化史上留下了多彩的一笔，这也如同景德镇的“珠山”一样，山不在高，“有窑则灵”。

鬲文明

参观铁岭博物馆，我对馆中一件青铜时代的陶鬲尤其感兴趣。这是一件夹细砂红陶鬲，通高 15 厘米，口径 11 厘米，侈口圆唇，口沿较高，鼓腹矮裆，浑圆敦实。器表饰红陶衣，通体磨光。相比沈阳新乐遗址博物馆所藏的那件大型夹砂红褐陶鬲的大气浑宏，这一件夹细砂红陶鬲则更显小巧精致。这件陶鬲是沈阳市康平县顺山屯古墓出土的，当年康平归铁岭市所辖，所以这件精美绝伦的陶鬲成为铁岭市博物馆的镇馆之物。

这件陶鬲和沈阳所属地区出土的青铜时代陶鬲一

样，让青铜时代的沈阳陶文化具有了显著的成就感，同时它还打破了早年的考古成说，证明沈阳人与黄河流域的先民一起走进“鬲文明”。

“鬲”作为一个象形字，有两个读音：一个读gé，指夏时的方国“鬲国”和“鬲姓”；另读lì，即古代的一种三足陶器。“鬲”最早出现在距今4000多年的新石器时代晚期，那时的“鬲”是陶器，是人们的主要生活用具。在公元前2000年左右的青铜时代，仿照陶鬲又出现了一种青铜鬲。沈括《梦溪笔谈》所谓：“古鼎中有三足皆空，中可容物者，所谓鬲也。”此时，“鬲”不仅是一种生活用具，还逐渐成为一种重要的礼器。《说苑·反质》里有一段孔子的故事：“鲁有俭者，瓦鬲煮食。食之而美，盛之土铏之器，以进孔子。孔子受之，欢然而悦，如受大牢之馈。弟子曰：‘瓦甂，陋器也；煮食，薄膳也。而先生何喜如此乎？’孔子曰：‘吾闻好谏者思其君，食美者念其亲。吾非以馔为厚也，以其食美而思我亲也。’”这说明至少在孔子的春秋时代，人们日常生活中煮食还在使用鬲。直到战国时期，“鬲”

才开始从人们的生活中消失。

陶鬲作为一种在远古具有独特形制和多功能用途的炊事用具，确实很奇异。尖底器、圆底器在世界各地都可看到，但三足合成一起而成用具，惟鬲是膺，实在是华夏先民领先世界的一项伟大创意。它的形状和鼎非常相像，二者的不同之处主要在于鼎的足是实的，而鬲的足是空的，鼎的足与鼎身不相通，而鬲是相通的。当时人们将食物放入鬲中，然后在下面烧火进行烹煮。鬲一般为侈口，袋足上粗下细，流线型的浑圆饱满，敦实而古朴。

关于鬲的发明，学界一般认为是先民在掌握了制陶技术以后，先是制造出了小口、突腹、偏上有双耳的尖底陶瓶，用它来取水。用陶瓶汲水和倒水都很方便，但它不可以煮水，而且也放置不平稳，于是人们就将三个尖底瓶捏在一起制成了鬲。这是瑞典地质学家安特生的观点，后来著名考古学家苏秉琦先生对此也有具体的论证。鬲的三个腹足站立很稳，里面可以贮水，架上干柴又可以煮水，非常实用，所以就成了当时人们生活中的必需器具。在鬲的身上，可以看到生产力的发展水平，也可以看到社会习俗和工艺美术水平，因此，鬲成为一种文化。鬲向前、鬲江慧著有《鬲与鬲文化》一书，对鬲的历史与文化叙述甚详。

然而，考古学界对沈阳包括辽河流域为中心的东北先民在青铜时代制作和使用的鬲却几乎视而不见。《鬲与鬲文化》一书说："考古学界目前有一个基本得到公认的看法，那就是中国古代文化有三个系统，这三个系统互相影响，互相融合，最后共同形成了灿烂辉煌的中华古代文明。这三个系统中，第一个系统是以中原为核心的华北系统，也称为鬲文化系统；第二个系统是以长江中下游为主体的东南系统，也称为鼎文化系统；第三个系统是以辽河流域为中心的东北系统，也称为罐文化系统。代表中国古代文明最高水平的夏、商、周，都是在鬲文化系统内发展起来的，这个系统的炊具从用陶器开始，并以平底或三足罐为主，以后陆续出现釜、灶、甑、斝等，到龙山时代便形成以鬲为主的成套炊器。"这种将"辽河流域为中心的东北系统，也称为罐文化系统”的说法过于绝对，它忽视了青铜时代沈阳先民大量烧制和使用鬲的历史现实。其结论依然是“考古不出关”偏见的延续，也不排除是某些专家眼界狭窄所致。

在已发现的沈阳青铜时代遗址里，曾出土过许多鬲，且多数造型美观大方，素雅古朴。如高台山遗址、新乐上层文化遗址、康平顺山屯遗址、法库湾柳街遗址等都有陶鬲出土。尤其是在沈阳城中的皇姑区百鸟公园、辽宁大学和沈北新区的道义等地也有陶鬲出土。其中有的造型极其优美，如现藏于新乐遗址博物馆百鸟公园出土的一件夹砂红褐陶鬲，通高 52 厘米，口径 47 厘米。这件鬲敞口弧壁，直腹，宽裆，下接袋式锥足，微外撇。上腹部对称饰横桥錾耳一对，腹中部对称饰横桥形錾耳一对。此陶鬲器型高大，庄严气派，让人一见即顿生东北或沈阳人的爽气与豪迈。

从新乐遗址博物馆所藏的夹砂红褐大陶鬲，到铁岭市博物馆所藏的精巧的夹细砂红陶小鬲，证明沈阳地区包括辽河流域与中原黄河文明一样,同时期走进了“鬲文明”。

纺轮

古朴的陶纺轮总是让我产生无限遐想，五六千年前的老祖先就是手捻着古老的纺轮，从纺麻线和蚕丝开始，就这样转啊转，一直从原始社会转到五六千年之后的民国，从陶质的、石质的、玉质的，到骨质的、瓷质的、金属的，乃至传到我们的老祖母手中，一代一代，穿的、盖的，铺的、坐的，遮阳的、保暖的，纺轮就这样转出了人类文明的不断进步。

在沈阳新乐遗址博物馆，在高台山遗址，在郑家洼子青铜短剑墓陈列馆，我都见过这种陶制纺轮。如果说陶罐、陶壶、陶鬲、陶甑等的意义还只是解决饮食的问题，那么陶纺轮的大量出现，则说明从新石器开始的沈阳先民对结网、服饰等日常生活已开始分外地注重。在新石器时代的沈阳新乐文化中，出土了中间带孔的圆形陶片，那大概还是最原始的纺轮。而到了高台山青铜时代早期，纺轮已成为沈阳人必需的生产工具。由此我们不难想象，纺轮转动不仅给当时的先民们增加了身心和精神的愉悦，同时也带来了生产生活的富足和衣着上的美感与享受。

纺轮最重要的机械性质的功能就是“转”，所以古时纺轮又称“纺专（專）”。如《说文解字》：“專，六寸簿也。从寸，叀聲。一曰專，紡專。”“專”（专）是“轉”（转）的本字。專（专），甲骨文的形义是“缠绕着丝线的纱锤与转轮”，造字本义是“手转纱轮纺纱”。所以繁体“專”字仍有将散纤维集中成一根纱线缠绕在一起的形象动作含义。后来俗体楷书“专”依据草书字形的“专”将正体楷书“專”整体简化成“专”。当“專”

的“转动纱轮”本义消失后，再加“車”另造“轉”（转）代替。这一系列的字义转换，进一步证实纺轮的功能就是“转”。

纺轮“专”字的演变与发展，则进一步说明陶纺轮就是古代最早的捻线工具。从出土实物看，陶纺轮一般用灰陶或红陶制作，略成圆饼形或凸圆形，中有孔，插入木柄或骨柄用以捻线。使用时，将几条细麻丝扭成一股后，缠绕于纺锤棒上，一手提拉纺锤，一手抽放麻丝，利用纺轮的旋转将麻丝拧在一起拉紧，纺成织布用的线。还可用同样的方法把单股的纤维合成多股的更结实的“纺线”或绳。

在辽河流域红山文化遗址出土的陶纺轮底部，往往还能见到留有的编制物痕迹，主要有两种：一种是以禾本植物的叶和茎编结的，以叶为经，以植物茎为纬。另一种是用绳子编结成的。考古学家还在红山文化的纺轮上发现了荨麻科花粉，可能是苎麻属的一种。这说明红山文化时期的先民已经开始种麻纺线织布，由此可以将纺织的历史追溯到 5000 多年之前。在高台山文化遗址中，出土的陶纺轮不在少数，尤其是在陶窑边，往往多见。这些纺轮为夹砂红褐陶手制，圆饼梯形。一面微凹光素，一面较平饰纹。纹饰或为两圈呈方形的指甲纹，或为十条放射线形的指甲纹，或为一个等距圆圈纹加放射线式指甲纹。侧立面则饰几何三角纹和斜线纹。类似这样的陶纺轮，在新乐上层文化遗址、康平顺山屯遗址、法库湾柳街遗址、苏家屯老虎冲遗址以及后期的郑家洼子遗址等均有出土。这样的普遍性，可见当时这种捻线工具已为人们广泛使用，从而为我们研究沈阳先民们的生产文化提供了极其丰富和重要的第一手资料。

陶轮促进了纺织业，从而让沈阳先民的生活质量得到进一步的提高。他们在陶轮中心小孔中插一根两头尖的直杆，于是就有了一只纺锤，将野生麻等剥出的一层层纤维连续不断地添续到正在转动的纺轮上，一根根纱条就产生了，这种纱条合并捻制成的线可以制衣、结网、系罐乃至建房。一只只陶纺轮就这么在我们想象中转动起来，旋转的陶纺轮又引起了我们更多的想象——这种原始的手工艺竟沿用了数千年，陶质的、石质的、玉质的、瓷质的。时至今天，纺织业已成为中国经济的主角。当我们在为今天纺织业的皇皇业绩而喝彩时，我们真不该忘记几千年前先人们发明的陶纺轮。

陶纺轮的出现表明我们的祖先衣着发生了重大变化，即以纺织物取代兽皮树皮用来保暖遮羞，这是社会进步的结果，也是文明曙光出现的标志之一。

陶蛙

因为专题片《盛京》的创作，曾陪同大型人文纪录片《南宋》的导演夏燕平先生参观沈阳郑家洼子青铜短剑墓陈列馆。在陈列馆中，我最感兴趣的是那只出土的青铜时代的陶蛙。想象当年，郑家洼子这地儿，一定是水草丰茂，清风明月之下，蒲苇丛中，蛙鸣一片。这从陶蛙那背隆腹圆、眼睁腮鼓的神态中就能领略一二。

就考古学来说，这只约3000年前的陶蛙在青铜时代陶制雕塑动物器中极为珍罕。在此之前，我们曾见到过仰韶文化中的陶鹰尊和红陶猫头鹰头，以及大汶口文化中的陶狗鬶，但还没有见到过陶制蛙，只是在新石器时代和青铜时代出土的彩陶上见到过蛙纹，如仰韶文化中的蛙纹壶，马家窑文化的蛙纹壶、蛙纹瓶等。

蛙是远古人类崇拜的动物之神，那是源于人类对洪水灾害的祈福。人类祖先在生存环境极其恶劣的远古时代，精神上往往都会皈依某种令人敬畏的神灵，这种神灵要具备极强的本领，人们向它求得保护。于是水陆两栖，不怕洪水，不怕旱灾，生殖能力强的蛙就成了这个神灵的载体。人们模仿它，崇拜它，希望获得与它一样的能力，这样，原始先民在精神上就有了战胜灾难的勇气。随着人类宗教意识的不断发展，蛙这个在氏族部落中深入人心的神灵形象，自然而然地就大量出现在远古的彩陶纹饰之中，甚至还制出了蛙的陶塑。郑家洼子出土的陶蛙就是在这样的背景下产生的。

这只陶塑蛙长 11.5 厘米，高 4.9 厘米，夹砂红褐陶，手制。蛙的形态是蹲伏而隆背，头上仰，似在寻找捕食的机会。背上有三道蛙纹，非常有动态感。整只陶蛙以其自由变化的曲线和充满生命力的造型，几乎完美地表达了生命的节奏和韵律，看上去惟妙惟肖，生动传神。青铜时代有如此陶塑，实属罕见，其艺术美感与珍贵程度令人称奇。

我向从浙江来的夏燕平先生介绍这只陶蛙，述说我的感受。他也啧啧称奇，说一定要写进《盛京》专题片里，从这只蛙的身上，可以看到3000年前沈阳先民所体现出的人文精神。

“系”之用

以高台山文化为主的沈阳青铜时代的陶器大都带有“系”与“耳”，这种多“系”多“耳”现象成为这一时期陶器的另一大特点，充分反映了青铜时代沈阳先民在制陶工艺上的进步与审美特色。

陶器包括后来的瓷器造型，在部位上有口、颈、肩、腹、胫、足之分，颈肩甚至腹部常有附加部件，最早名之为“系”，后来称之为“耳”。

“系”在甲骨文中的字形上面是“爪”，下面是“丝”。丝悬于掌中而下垂，义即是“悬”“挂”，引申为“打结”和“扣”。用于陶器就是将绳（丝）穿在器耳，用手提着，汲水提水或是悬结一处，储物或是在器底下生火。而陶器肩上那对称的两个或 4 个，固定结绳的钮即是“系”。如今的生活已经很少要把盛装在陶瓷器皿中的酒水、食品、杂物等吊挂起来或提移于他处，因此陶瓷上“系”的实用功能已逐渐消亡。但在历史上，尤其是在以陶器为主的新石器和青铜时代，“系”曾扮演过重要的角色，它是当时人类饮食生活中必不可少的。后来“系”逐渐演变成既有实用性又具观赏性的部件，又称为“耳”。

“系”与“耳”怎样区别呢？主要就看它能不能穿绳。陶瓷器上用于穿绳者才有资格称之为“系”，不穿绳的则统称为“耳”。

“系”的位置与系的数量、形状在各个历史时间段中都有不同的变化，但青铜时代陶器上的系，位置大都在肩上。这一特点在沈阳高台山等出土的青铜时代陶器上表现得最为集中，也最为明显。“系”在肩上，就很符合“提”“悬”之时的力学原理。后来，以至我们今天所见到的瓷器上的“系”已大都不在肩上，而在颈上了，这就是“系”脱离实用性，进化为纯观赏性变成“耳”的证明。这种由“系”到“耳”的变化足迹，就是陶器不断朝着艺术化发展的过程。

但是，今天我们对古陶上的“系”还是习惯地称之为“耳”，这一方面是历史典籍的记载，如春秋时期记述官营手工业各工种规范和制造工艺的文献《考工记·栗氏》说道：“其耳三寸。”疏曰：“此釜之耳，在旁可举。”说明设“耳”的目的是起到“提举”的作用。另一方面是因为在现代思维里，几乎从未将陶作为实用器，而是作为纯艺术品或收藏品的缘故，以至于考古界、考古报告中也称古陶器的系为“耳”，甚至于“系”“耳”不分。

这也难怪，就如同沈阳高台山等青铜时代出土的大量陶器，当时就有不能穿绳的“系”，考古学家称为“盲耳”，说明当时既有实用性的“耳”，也有仅具装饰意义的“假耳（盲耳）”。其实最准确的称呼应当是“盲系”才对。

“耳”之美

青铜时代沈阳地区出土的陶器不仅有“系”，更多的还带有“耳”，不仅罐类，其他如壶、钵、鬲、鼎、甗、瓮、甑等都有“耳”，几乎达到无物不“耳”的程度。

“耳”在陶瓷的颈肩部位，多见于瓶罐类器物，是在“系”的基础上演化而来的。《考工记·栗氏》有“其耳三寸”之说。疏曰：“此釜之耳，在旁可举。”可见设“耳”的目的原是起到提举的作用，到了瓷器时代，耳的“提举”作用逐渐淡化，更多的则是装饰作用了。

在青铜时代的沈阳陶器中，我们可见如高台山的高领圆鼓腹四系壶，或是 4 个对称的竖桥形“鋬耳”，或是 4 个对称的横向小“耳”；素面平底双耳罐，不仅在上腹部饰对称竖桥形“鋬耳”，还在两“耳”对应面饰横“鸡冠耳”；再有折腹高足钵，也在折腹处或饰有 4 个对称的“乳钉耳”，或饰有四个对称的“盲耳”；连浅圆腹的素面平底钵，也在中部偏下饰有三个等距竖桥形“盲耳”。再如新乐上层文化中的陶鼎、陶鬲、陶甗、陶瓮等，或饰有四个对称的瘤形“耳”，或饰有对称的横桥形“耳”。法库湾柳街出土的柳肩鼓腹彩绘壶，除了肩部饰有对称的两个小桥形“盲耳”之外，还另在腹部饰有对称的 4 个小桥形“盲耳”。辽宁大学遗址出土的轮制矮领深鼓腹陶壶，也是这样饰有两层竖桥形“鋬耳”。这时期的陶器不仅“耳”多，且有一定的规律，如壶多桥状“耳”、钵多乳状“耳”、罐多扁状瘤“耳”，竖桥“耳”有时还与“鋬耳”出现在同一陶器上，相互配合使用。

从美学意义上来看，陶瓷器物之“耳”还与造型有着密切的关系，它在器物上起到了呼应、协调和变化的作用，无疑增加了器物的美感。祖先在陶器上由“系”变“耳”的过程给后世陶瓷艺术以很大的启发，许多陶瓷作品在“耳”这个小点缀上花费了大量心思，如“象耳”“螭耳”“凤耳”“鹿耳”“贯耳”“如意耳”“绶带耳”“铺首耳”“出戟耳”“套环耳”等等，千变万化，不仅体现了陶瓷艺人的独具匠心，也增加了器物本身的审美价值。“耳”由最初的实用性发展到装饰性，由直观的审美性到深隐的文化性，充分反映了我国“器以载道”的丰富文化内涵。

由此证明，沈阳青铜时代陶器这种“多耳”造型，不仅在同时代的陶器中特色突出，同时也为后世“陶瓷耳”的装饰艺术开了一个带有创意性的先河。这种“多耳”造型，将穿绳“提举”的实用价值与装饰上的美观性结合起来，从而达成了这一时期陶器的重要特点。于此可见出，青铜文化时期的沈阳先人，在陶器造型上的审美追求，已达到了一种自觉的程度。

五城时代

战国燕昭王十二年（前 300），这应当是沈阳的建城元年。从这个元年开始到初唐的总章元年（668），唐高宗李治出兵辽东平定高句丽，两个“元年”对头共 968 年，在近 10 个世纪的时间里，沈阳的历史从某种程度上说就是一部造城史。而在造城运动中，沈阳的城市制陶业开始兴隆，除了日用生活器之外，砖瓦、陶水管、陶井圈等开始大量使用。

最早的中国建筑陶器是陶水管，到了西周初期又创新出了板瓦、筒瓦等。秦始皇统一中国，结束了诸侯混战的局面，各地区、各民族得到了广泛交流，经济、文化迅速发展。到了汉代，社会生产力又有了长足的发展，手工业的进步突飞猛进。所以秦汉时期制陶业的生产规模、烧造技术、数量和质量，都超过了以往任何时代。秦汉时期建筑用陶在中国制陶业中占有重要位置，所以历史上素有“秦砖汉瓦”之称。沈阳城的初建时期，正好就是“秦砖汉瓦”的时代，也是沈阳历史上的第一波造城运动。

在沈阳这一波近千年的造城运动中，除了秦开所建汉辽东郡 18 县之一的候城县之外，在沈阳城周边，尚有战国到汉时所建的位于苏家屯沙河乡魏家楼子的辽东郡 18 县之一的高显县城，以及位于浑南汪家乡上伯官的汉玄菟郡城。北魏天赐元年（404），高句丽趁中原多故，夺取辽东，从此辽河以东地区尽在高句丽的统治之下。高句丽占领辽东的 200 余年，是辽东也是沈阳历史上经济、文化发展最为缓慢的时期。当时高句丽作为唐王朝的一个地方割据政权，始终惧怕中央政府对它的统一，所以基本国策就是大修武备，动用大量人力物力修筑山城。地处辽河东岸的沈阳，地理位置上是高句丽的西部前沿，虽然没有高山，但也建了两座山城，均位于水陆要冲，一座是今天棋盘山水库北岸的石台子山城，控扼蒲河河谷；另一座是浑河南岸陈相屯以东的塔山山城，控扼沙河河谷。由此形成距西部辽河最近的两座山城，成为高句丽精心策划构筑西部防线的主要支撑点。

沈阳在那个千年间虽然经济与文化未见繁荣，但作为战略要地却建了五座城，由此形成建筑制陶业的勃兴，以致两千多年后，我们依然从这五座故城里不时会发现陶井管、陶井圈，以及大量砖瓦，从秦砖汉瓦到高句丽的布纹莲瓦，建城运动，让沈阳形成了制陶业的另一种繁荣。

建筑业的出现是人类征服自然改造自然的一个重要成就。人类最初的居住形式，可能是巢居与穴居，再以后如沈阳新乐人的半穴居。然而，穴居和半穴居都不是人类最理想的栖身之处，或是潮湿，或是易被水浸淹，逐渐就出现了地面建筑。这是用墙体与屋顶组成的空间，人们在这种空间中居住与活动，比上述两种居室要优越得多。地面建筑的出现，在建筑史上是一个伟大的进步。所以《墨子·辞过》说：“古之民未知为宫室时，就陵阜而居，穴而处。下润湿伤民，故圣王作，为宫室。”地面建筑就需要砖瓦，而城市建设更需要大量的建筑陶器。

沈阳城的古建筑从候城遗址高句丽古城，从辽代塔寺到明代故城，从清代皇宫到奉系公馆，成系列的建筑，不仅为我们保存了一道最美的城市风景线，同时也为我们留下了可供欣赏和研究的古代建筑砖瓦构件，这无疑证明了沈阳这座历史文化名城是值得珍视的物质遗产和人文财富。

候城井圈

候城时代的沈阳城，居住人口逐渐增多，凿井聚民，巷陌成形。这从后来出土的陶井圈中可得到充分证明。

1971 年和 1975 年，在沈阳故宫东路大政殿前和盛京路北侧的沈河公安分局院内挖战备防空洞时，相继发现了古代遗址。据李仲元先生《古候城考》一文介绍，两处遗址文化层厚达 6 米，有 4 个叠压层，其中第 4 层为战国汉代层，厚约 1.5 米。“经清理，发现大型建筑台基一处，夯筑坚实形状规整。遗址侧方，发现古井两口，砖井以方砖砌成井壁。陶圈井井口直径 2.1 米，残存深度 6 米，以陶土烧制井圈 15 节上下相接形成井壁。井口已残，井底发现井架遗物和残破陶罐，为秦汉形制。遗址还出土绳纹大板瓦、‘千秋万岁’瓦当、板瓦、筒瓦等建筑构件。瓮、盆、罐等生活器皿为灰陶绳纹或素面，极具汉代特征。”这里出土的陶制建筑材料有方砖、井圈、板瓦、筒瓦和“千秋万岁”纹瓦当。

1993 年在沈阳故宫北墙外的原宫后里修建“东亚广场”（今兴隆大家庭）时，意外地发现一道古城墙遗址，遗址的西端墙体向南拐弯，此处正是城墙的西北角。同时在墙体的北侧还发现护城河的遗迹，证明这道城墙是城址的北墙西段。经省市考古工作者抢救性发掘，证明这道城墙建于战国后期，汉时又两次续修。这些说明 1971 年、1975 年在沈阳故宫东路大政殿前和盛京路北侧沈河公安分局院内发现的战国、汉代遗址应当是城中，所发现的水井则是城内的饮水井。在这次发掘中，于城墙内外发现了大量战国及秦汉时期的板瓦、筒瓦、灰陶绳纹和黑陶夔纹半瓦当等陶制建筑材料，还发现可辨的陶器如瓮、罐、壶、豆、釜、甑等。这些都为沈阳城源于候城提供了重要的考古证据。

从古候城出土的秦汉时期的砖瓦，不管是板瓦或是筒瓦都不鲜见，但陶制井圈与瓦当，在沈阳地区则比较鲜见。

在当年候城城内发现的陶制古井圈每个高40厘米，直径2.1米。据参与当时发掘的考古学者姜念思先生在《沈阳考古发现六十年概述》中称："十五节釉陶井圈上下套接而成。"这样大直径且覆釉的井圈在当时陶制建筑构件中当属大件，在后来考古发现中，同时期的带釉井圈也极为罕见。陶制带釉井圈的发现，一方面说明当时陶制建筑构件的规模和制作能力都已达到一定的程度，另一方面也说明当时的打井技术也相当先进，直到今天，乡间打井仍在用井圈这种技术，只不过材质已不是陶制，改成钢筋水泥的罢了。

有井水处有市井，这是井在人类生活中重要意义的体现，就如同古人"临水设关"一样，古人也多是"据井成市"，所以"井"常常用来表达具有乡土文化情结的生活意象，如“乡井”“同井”“背井离乡”等，直接而广泛地连缀在土地区划、城邑聚落、街巷、宫宅、园囿、墓葬，以至构造、装修等方面的大量词语中，鲜明显现出“井”与中国传统建筑文化结成的不解之缘。就如同到了元代时“胡同”一词源于蒙古语“水井处”一样，有水井才会形成“胡同”，形成市民聚集的“市井”。直到今天，在沈阳的老城区里，还有许多以井命名的胡同，如大井沿、小井尚、甜水井、阔井子、板井、双井等。走在这些胡同里，自然会让人想起这里曾有过长满青苔的陶井圈，那是候城时代的市井标志，是沈阳人的乡愁。

“千秋万岁”瓦当

朋友收藏瓦当，拓了裱成扇面，制成湘妃竹扇骨的成扇，邀我题跋。其中有“千秋万岁”瓦当，朋友说这个送我，是汉代长安的。我说好，我喜欢。但有一点须更正，“千秋万岁”瓦当，不独长安，在我们沈阳也有，那是2300年前的候城时代。

瓦当又称“瓦头”，是屋檐最前端陶制筒瓦顶部下垂的特定部分，起着保护木制飞檐和美化屋面轮廓的作用。建筑用瓦有板瓦和筒瓦两种，其制作方法是先用泥条盘筑成类似陶水管的圆筒形坯，再切割成两半，成为两个半圆形筒瓦；如果切割成三等分，即成为板瓦。到了西汉中期，瓦的制法再加改进，筒瓦和板瓦也可一次范成。瓦当一般镶嵌在筒瓦抵檐的下端，饰有各种压印纹，既能防水，也能排水；既保护了檐头，又增加了建筑的美观性。中国最早的瓦当集中发现于陕西扶风、岐山的周原遗址，这里是西周的发祥地，多为素面半圆形瓦当，个别的有重环纹半瓦当。秦时的瓦当大部分为圆形带纹饰，纹样主要有动物纹、植物纹和云纹三种。到了汉代时，瓦当纹饰更为精美，画面仪态生动。

除常见的云纹瓦当外，大量的则是文字瓦当，反映了当时人的意识和愿望。不同建筑的瓦当有相应的特定文字，如用于宫殿的瓦当，文字则是上林、侍卫、兰池宫当等；用于寺庙上的瓦当，文字则是高安万世、永承大灵等；用于墓葬建筑上的瓦当，文字则是长久乐哉等。但更多的是通用的吉祥语文字瓦当，如长乐未央、长生无极、延年益寿、延寿万岁、大吉富贵、富贵未央、汉并天下、万寿无疆、吉祥富贵宜侯王等。其中最常见的则是“千秋”系列，如千秋万岁、千秋万世、千秋长安、千秋万岁未央等。这些文字瓦当，字体有小篆、鸟虫篆、隶书、真书等，布局疏密有致，章法茂美、质朴醇厚，表现出独特的中国文字之美。

在当年候城考古发掘时，瓦当也是重要发现。1971年和1975年的城内遗址，1993年的城墙遗址都出土了多种秦汉瓦当，其中最有代表性的就是“千秋万岁”圆瓦当。这种瓦当直径大约在16厘米，泥质灰陶，模制。圆瓦中起圆芯，四方起双阳线将瓦当面分成四等份格，每格填有一字，自右向左竖读书写。边际起有弦文，瓦当边沿平整宽厚。整体风格自然、质朴、庄重。汉代的瓦当文字内容可分为宫殿、官署、陵寝建筑名称、地名、纪年、纪事和吉语等。这其中又以吉语文字数量和种类最多，而在吉语文字当中，又以“千秋万岁”文字瓦当数量最多,出现时间最早,流行时间最长,分布范围最广。

候城遗址发现的“千秋万岁”纹吉语瓦当与三秦和中原等地出土的同类瓦当在字形、纹饰和直径等方面几乎一致，和朋友送我的瓦当扇上的“千秋万岁”也几无二致，由此可见这种瓦当普及的程度。以当时的物流水平，建筑用的砖瓦不可能从关中运来东北，虽然目前在沈阳之地还没有发现秦汉时的砖瓦窑址，但候城所用砖瓦为本地烧制应该属实。如此说来，沈阳出土的“千秋万岁”瓦当的模具定是来自关中或是中原。从这一点也可以看出，秦汉之时，候城虽为边关之地，但与关中和中原的文化交流当是很密切的。

与候城同时期的“千秋万岁”瓦当在苏家屯魏家楼子的高显县城也有出土，说明这种“千秋”系列瓦当到唐时仍然存在。

我题好了朋友的瓦当扇。我想我一定想办法淘一件候城时的“千秋万岁”瓦当，也拓几张送给朋友，和他的来自长安的汉代“千秋瓦当”来个“东西合璧”。

辽瓷之父

在一次学术研讨会上，我提到了金毓黻先生对辽瓷的贡献，并称他是“辽瓷之父”。会后引起一位陶瓷学者的质疑：“初先生，你提的‘辽瓷之父’有什么根据吗？”我说这种提法不是我的创造，是佟柱臣先生在《中国辽瓷研究》一书中提出来的。当时，佟先生的这本书才刚刚出版。

辽代陶瓷的发现和认定，不过是百年间的事。20世纪初，在北京琉璃厂的古玩市场里出现了一种工艺粗糙、纹饰质朴，与中原和南方风格迥然不同的瓷器，人们不知道这种瓷器出自何处，只知道是从东北地区流出来的，于是就称其为“北路货”。后来由于金毓黻的偶然发现，人们才知道原来“北路货”就是辽瓷。之后，东北文博事业的奠基人，沈阳著名考古学家李文信开始系统研究辽瓷，并取得重要突破和多项成果。中国社会科学院考古研究所研究员、荣誉学部委员，辽瓷研究专家佟柱臣先生在《中国辽瓷研究》第一章里曾称金、李二人为“辽瓷研究史上的两位先学”，并说“正像陶瓷界称陈万里先生为越瓷之父一样，我们称金先生为辽瓷之父”。金毓黻先生发现辽瓷是在 1930 年的沈阳，由此我们说 1930 年是辽瓷的沈阳元年。不仅如此，之后在辽瓷研究中成就最大的几位学者都是沈阳或辽宁人，如佟柱臣先生是辽宁黑山人，辽宁省文物考古研究所研究员冯永谦是沈阳人。沈阳不仅是辽瓷的重要产地，同时也是辽瓷的发现地和重要研究之地,可谓是辽瓷福地。

金毓黻（1887—1962），字静庵，辽阳人。1913 年考入北京大学国文科，师从黄侃。在张学良主政东北期间，曾任辽宁省政府秘书长兼教育厅厅长。1937 年任安徽省政府委员兼秘书长。抗战期间任中央大学、东北大学教授。抗战胜利后，任国民政府监察院监察委员、清理战时文物损失委员会东北区代表、国史馆纂修、沈阳博物院筹备委员会主任等职。中华人民共和国成立后，任北京大学教授、中国科学院近代史研究所研究员等职。金毓黻除史学外，于文学、小学、金石、文献、考古、历史地理等诸门学科都有着精深的造诣，曾出版史学专著 16 部，代表作为《东北通史》《渤海国志长编》《宋辽金史》《中国史学史》；编辑出版丛书及史料书 8 部，主要有《辽海丛书》《东北文献征略》《奉天通志》等；撰写和发表学术论文百余篇，创作诗歌 2000 余首。最值得推举的是历 40 年而不辍而写成的 550 余万字的《静晤室日记》，堪称文史宝库、日记杰作和学术巨著。金毓黻留给后人总计 1400 余万字的著述，可谓体大思精，包罗宏富，堪称一座硕大的学术丰碑。尤其在东北史的研究上，有着拓荒之举和发轫之功，诚如时人吴廷燮所评：“中夏言东北故实者莫之或先。”又如于右任所誉："辽东文人之冠。"由此，他成为东北有史以来唯一一位可与关内和南方著名学者比肩的学术大师。在辽瓷研究上，他虽然未有系统的专业著作，但他能将辽瓷与所擅长的辽史研究联系起来，从而在出土瓷器上能发前人所未发，终获"辽瓷之父"的美誉。

金毓黻第一次发现并确认有"辽瓷"的时间是民国十九年（1930）4 月 22 日，他在这一天的《静晤室日记》中写道："大东边门外有农户掘土得一瓦棺，其形甚小，与在辽阳出土之瓦棺相似。棺前有花纹，镌字开泰某年，登仕郎赐紫绯鱼袋孙某，盖辽代所葬也。又有古瓶一、烛台二。白子敬举以相告，余嘱送博物馆保存。"这座辽墓让金毓黻放心不下，12 天之后，他亲往墓地考察，在当天的日记中写道："大东边门外大亨公司院内，于四月二十二日发现两砖洞，左洞有石棺一具，男女石偶各一，右洞有瓦制颈瓶一。石棺长方形，高尺余，长三尺，宽二尺。上盖刻云龙类花纹已破，前凤后鼍，左蛟右龙，皆隆起。前镌字曰：'承奉郎，守贵德州观察判官、试大理司直、赐绯鱼袋孙允中，开泰七年，岁次戊午’三十一字。棺内凿深五寸，初启视时，只有灰尘。余偕卞宗孟、王晓楼往视之，得其大略如此，将送博物馆保存。”当时金毓黻正在辽宁省政府秘书长任上，但他对学术和考古之事仍亲力亲为，其学者风范，令人敬佩。

沈阳发现的这座辽墓的价值，显然在金毓黻的辽史研究中占有了一定的分量。1931 年 1 月，金先生又在曾任过厅长的辽宁省教育厅编译处编辑出版的《东北丛镌》中发表了《辽金旧墓记》一文，再次述及沈阳发现的辽孙允中墓：“民国十九年四月二十二日辽宁省大东边门外大亨公司工人于院内掘地发现二砖室，左室有石棺，右室有瓦制陶壶，此墓即孙允中石棺出土墓也。”并在插图中刊发了“孙允中石棺”和“孙允中墓内发现之物”两幅图片。从后一幅图片中可看到墓中出土的青釉黑花瓶。从器型上看，这只瓶正如金先生所说，为壶形，庄重古朴。据曾与金毓黻一起筹备国立沈阳博物院，见过此瓶的佟柱臣先生在《中国辽瓷研究》中说：“黑花瓶属于辽瓷的证据是，石棺前上角刻有‘承奉郎，守贵德州观察判官、试大理司直、赐非鱼袋孙允中，开泰七年，岁次戊午’。辽圣宗耶律隆绪开泰七年为1018年，贵德州为今辽宁铁岭，可证该墓石棺中出的青釉黑花瓶属辽中期。青釉黑花瓶高25.2厘米，腹部最大直径14.2厘米。肩部和下体均绘有野菊，而器面三个六角形中，绘有高士、立鹤、伏兔，草丛之间，一兔惊顾。此等野菊与野兔，均为契丹民族游牧生活中习见的景物，亦为辽瓷的写实画面。这是辽瓷中出土地点最清楚，年代最明确，而为金毓黻先生最早向学术界发表的辽瓷。金先生当为辽瓷之父。关于这件辽瓷的历史价值，越瓷之父陈万里先生在写给我的《辽代陶瓷志·序》中说：‘沈阳孙允中墓中所发现开泰七年青釉黑花瓶，腹部绘有高士、立鹤、伏兔三个画面，充分表现了当时的风格，由此可以见到辽瓷的庐山真面目。’陈先生犀利的鉴赏目光和准确的观察力令人敬佩。”从沈州初立到1930年的沈阳，一千年的时光，任谁也难以想到，辽瓷竟与沈阳有这样的因缘际会。如果没有沈阳的发现，如果没有金毓黻的考察，辽瓷不知还要在地下沉睡多少年。

在此之后，金毓黻先生对辽瓷多有关注，并在日记中多有提及。不仅如此，据佟柱臣先生介绍，金毓黻还是发现赤峰缸瓦窑辽代窑址的第一人。

在中国文化史上，真正考古意义上的发现，是指对遗址或遗物的时代、性质以及名称的基本认识。当年金毓黻先生发现并公布了失传千年的辽瓷，令其重见天日，遂成为真正意义上的“辽瓷之父”。殊不知，每一个伟大的考古发现背后都有应该获得赞赏的考古和文史工作者,可惜我们大多数时候只知道这些精美的艺术品，或拿这些艺术品做文章，做产业，甚至做噱头，而忘了发现他们的人，这是最不应该的一件事。

公符先生

“公符”是著名考古学家，东北文博事业奠基人李文信先生的表字。我时常拿“文信”和“公符”做例了来说明李先生的名和字起得好，规范而讲究。根据古人取字同义反复、反义相对、连义推想的原则，作为官方凭证的“公符”与文而有信的“文信”，正好是连义推想。其名其字，精妙恰切，与其后来考古文博事业上的严谨特质和辽瓷研究中的地位成就十分相得。

李文信（1903—1982），辽宁复州（今辽宁瓦房店）

人，早年毕业于奉天美术专科学校，后从事教学与考古研究，历任东北博物馆研究室主任、研究员，东北文物工作队队长，吉林大学教授，辽宁省博物馆馆长。2015年1月科学出版社出版了一套具有权威性的《20世纪中国知名科学家学术成就概览》，的“考古学卷”记述了57位知名考古学家，东北有5位，均为辽宁人：于省吾、李文信、阎文儒、佟柱臣、宿白。其中李文信先生的评价是：东北地区考古与文博事业的开创者、辽瓷研究的奠基人。

公符先生大约在奉天美术专科学校学习时就喜欢上了考古事业。据他的学生，东北沦陷时期著名作家、书法家李正中先生回忆，20世纪30年代初，他在吉林一中读书时，他的老师公符先生就在业余时间经常去考察吉林地区的历史遗迹，调查吉林市郊龙潭山、东团山、帽儿山等地青铜时代遗址、汉文化遗物、高句丽史迹和辽金遗存等，开始了真正意义上的东北考古事业，并且成为最知名的辽瓷研究专家。

公符先生对于辽瓷的研究，佟柱臣先生在《中国辽瓷研究》一书中称他是“中国辽瓷研究的拓荒者和奠基人”。他对于辽瓷的研究大约开始于1935年，那一年他随金毓黻先生考察赤峰缸瓦窑，或许是深受金先生的影响，他进入辽瓷研究领域。

在辽瓷研究过程中，公符先生对当时出土的近千件辽瓷分门别类做系统的考察与分类，并不断外出调查发掘。1939年6月发掘沈阳塔湾辽金墓，7月发掘沈阳砂山子辽金墓，7月底调查巴林左旗永庆陵；1940年6月发掘叶柏寿车站辽墓，7月发掘喀喇沁右旗张家营子郑恪墓；1943年5月发掘巴林左旗辽祖州城址，11月发掘林东兴隆山辽墓；1944年5月发掘林东辽上京窑址，6月发掘赤峰缸瓦窑。在此发掘的基础上，辽瓷才于东北沦陷区引起日本人的关注，1944年11月，时任旅顺博物馆馆长的岛田贞彦在初步考察辽阳江官屯窑的基础上发表了关于辽瓷的《鸡冠壶》一文。中华人民共和国成立后，李文信继续辽瓷的研究与考察，1950年又主持发掘了义县清河门辽墓，1955年主持发掘了辽阳江官屯窑址等。

这些对辽墓、辽城、辽窑的发掘工作，大部分由李文信先生主持，同此极大地丰富了他的研究成果。1958 年，他发表了《辽瓷简述》一文，这是李文信先生研究辽瓷最具代表性的文章。在这篇文章里，李文信第一次给辽瓷下定义："此处所谓辽陶瓷，系指辽土烧造和辽人使用的输入陶瓷器而言，包括硬质日用瓷器和单色或三色釉陶器，素陶器不录；在时间概念上是以契丹建国开始至灭亡为止的，即由 907 年（唐天祐四年、后梁开平元年）至 1124 年（北宋宣和六年）的二百多年间为限，而建国以前和西辽时期，因无资料，皆不讨论。在地理分布上，则以东北辽、吉、黑三省及内蒙古自治区和河北、山西两省北部出土物为主。本土烧造的瓷器应为辽瓷正品，而中原传入的瓷器虽也是辽人日常用物，但它不具备辽瓷特色而为中原各窑所烧造，故只能算作辽土使用的瓷器而不能用它们来代表辽代陶瓷技术文化。"这是中国学者给辽瓷下的第一个定义，在辽瓷研究史上具有里程碑的意义。

在《辽瓷简述》一文中公符先生还对辽土烧造的

即狭义辽瓷概括为四类：1. 杯口长颈、凤首、鸡形瓶壶之属；2. 鸡冠壶之属；3. 有系扁提壶、有流一面平背壶、鸡腿坛之属；4. 暖盘、海棠长盘、方碟之属。同时还将辽瓷中最具特色的鸡冠壶分为五种基本类型：扁身单孔式、扁身双孔式、扁身环梁式、圆身环梁式、矮身横梁式。原来对鸡冠壶称法多种，如“马镫壶”“皮囊壶”等，李文信先生在文中纠正说：“壶上近口处都有一个鸡冠形有孔的大鼻，所以呼作鸡冠壶，有人称作马镫壶是不合适的。”自从李文信此文之后，这种壶形则统一称为鸡冠壶，是李先生为这种器型的深入研究奠定了基础。

与此同时，公符先生还特别关注抚顺辽代大官屯古窑址的情况，并搜集了许多这方面的资料，相继发表了《辽代陶瓷》《陶瓷概说》《关于辽瓷编写的一些意见》等。1962 年，李文信与朱子方合作，在文物出版社出版了《辽宁省博物馆藏辽瓷选集》，这是国内外第一部辽瓷作品选集，在辽瓷研究领域颇具权威性与影响力。直到今天，辽瓷研究中的许多成果都是李文信当年确立的，他的这些研究成果仍为陶瓷界所沿用。

从辽代沈州初立到1930年的沈阳辽瓷发现与命名，从“辽瓷之父”金毓黻到辽瓷系统研究的奠基人李文信，辽瓷千年史，最终在沈阳定格。如果没有沈阳和沈阳人的发现与研究，中国陶瓷史上，可能不知何时才会有“辽瓷”一名。1930，不仅可以称为辽瓷元年；沈阳，更称为辽瓷福地。从这个意义上说，我们不能忘记金毓黻先生，不能忘记公符先生。

五京七窑

2012年，参加辽宁省文史馆组织的《中国地域文化通览·辽宁卷》编写，讨论大纲时，我特地提出应增加陶瓷一节，立即得到主编林声和彭定安先生的首肯。这就是此书中华书局2013年2月版的第六章第七节：辽宁瓷器艺术。我在这一节中首次提出了“五京七窑”一词，所要强调的就是辽代五京，附近都有一个或数个带官办色彩的窑场。

辽国原名契丹，后因其居于辽河上游之故，遂称

“辽”，“辽”字在契丹语是“镔铁”的意思。辽朝从辽太祖耶律阿保机统一契丹各部，于916年建年号开始，到1125年天祚帝耶律延禧朝被金国所灭，共经历9帝210年。为巩固疆土，加强统治，辽朝相继修建了上京临潢府（今赤峰巴林左旗林东镇南）、东京辽阳府（今辽宁辽阳）、中京大定府（今内蒙古宁城）、南京析津府（今北京）、西京大同府（今山西大同），谓之“辽代五京”。

五京附近都开办有窑场，主要为京城和京城近地服务。这七个窑分别是上京附近的“上京窑”“南山窑”和“白音戈勒窑”，东京附近的“江官屯窑”，中京附近的“缸瓦窑”，南京附近的“龙泉务窑”，西京附近的“青瓷窑”。

“五京七窑”多半有官窑性质，或半官半民。早前在辽墓出土的瓷器中，曾发现多件带有“官”字款的具有辽地本土特征的白瓷，为此金毓黻先生在《略论近期出土的辽国历史文物》一文中说，辽墓出土的“凡有‘官’字的白色瓷器并包括其他白色瓷器在内，都是辽国官窑出品”。不久之后，著名陶瓷专家陈万里在《我对于辽墓出土几件瓷器的看法》中提出了自己的意见，认为这些白瓷不是辽国官窑，而是河北定窑产品。后来，确曾在河北定窑遗址中发现了带有“官”字款的瓷片。金、陈先生两种不同意见由于一时出土资料尚少，未能展开进一步讨论。后来李文信先生根据文献记载，在辽宁省博物馆编辑的《辽瓷选集》编后记中为金毓黻先生的观点补充说：“辽代官窑很可能就是缸瓦窑屯烧窑。但在这个窑址里，迄今还未发现划‘官’字款的器片，资料仍嫌不足，暂时还难于最后确定。不过划‘官’字款的盘口瓶、鸡冠壶等器绝非中原产品，一定是在辽‘烧窑官’的监制下烧造的，不能因为湖南长沙和河北曾出过‘官’字款器，就否定辽代有官窑。”毫无疑问，李文信先生举例“官”字款的盘口瓶、鸡冠壶等辽地本土特征瓷说明辽国有官窑器是正确的。后来随着考古的深入，终于在辽中京大定府的缸瓦窑发现了带“官”字款的实物，这就是“官”字款的匣钵和“新官”二字款的垫柱，证明赤峰缸瓦窑村瓷窑址确为辽代有实物可考的官窑遗址。

而其他六窑，也大都有着很浓的官署管理，为“京”服务的官窑色彩。如南京析津府（今北京）的“龙泉务窑”中的“务”字，就有着鲜明的官署性质。“务”在宋、辽、金时本就是官署名，为掌管贸易和税收的机构。《文献通考·征榷一》：“宋朝……凡州县皆置务，关镇或有焉，大则专置官监临，小则令佐兼领。”《宋史·食货志上二》：“有言汝州地可为稻田者，因用其言，置务掌之，号稻田务。”辽代大部分官名及职掌沿袭唐制，参照宋制，所以“龙泉务”之“务”自然也是“置官监临”，有官窑之性质。同样，缸官屯窑在辽金时期也曾称“瓷窑务”。辽宁省博物馆藏有一件江官屯窑址附近出土的“金代正隆五年瓷质明堂之券”，这是一件瓷质购买墓地券，当为江官屯窑所烧制。此券开头文字：“维大金正隆五年岁次庚辰七月丁丑朔廿七日癸卯，东京辽阳府辽阳县辽阳乡瓷窑务住故王兴公之券，因殁袭吉。”这段文字说明金时此地是称“瓷窑务”的，金朝正隆五年（1160），相去辽亡才35年，“瓷窑务”应还是延续辽的称呼。另外，辽阳市江官屯窑陶瓷研究学会会长王嘉宁先生也藏有一件江官屯附近出土的“金代泰和元年瓷质天穴之券”，券文开头云：“维南赡部州大金国泰和元年岁次辛酉四月建癸（巳）十有八日丁酉之辰，祭人京东瓷窑务住人刘瑀为亡考妣，因凶袭吉，于南山之阳约二里。”此处也称江官屯为“瓷窑务”，由此可见当时的江官屯同南京析津府的“龙泉务”窑一样，都具有“置官监临”的官窑性质。同时，民间收藏人士还从窑址里采集到了带有“公主梁”戳记款的黑釉鸡腿残瓶、不止一件带有“官”字款的黑釉鸡腿瓶和“官”款的褐彩白釉钵等。这些带“官”字款的出土瓷器让江官屯的官窑面纱一点点地揭开。

而这一点，在后来的考古发掘中则进一步得到证明。自 2013 年 7 月开始，辽宁省考古研究所对江官屯古窑进行了将近两年的发掘，共发现瓷窑址 12 座，发掘 11 座、灰坑 80 余个、房址 3 座、作坊址 3 座，发掘出土百万计的瓷片，遴选出 1000 余件窑具、日常生活用具、生产工具、玩具、建筑构件等文物标本。据负责此次考古的梁振晶先生介绍：“目前的发现仅是江官屯‘十里窑场’的一角。但是，从这一点却可以窥见当年窑火不熄的盛况。这次发掘所发现的大量遗迹、遗物，丰富了中国陶瓷史辽金阶段的内涵，从某种意义上可以说改写了中国陶瓷史的相关部分。”梁氏所谓“改写了中国陶瓷史的相关部分”的论述，其实就是指此前许多人一直以为江官屯窑只是民窑的说法。相信，“五京七窑”之一的“江官屯窑”还能给后人更多的惊喜。

“五京七窑”让我们看到，窑址不仅是陶瓷文化，也是中华文化的根，从某种程度上说，它比墓葬更有考古和文化价值。它出土的每一件残器或残片，都闪烁着最原始的美不胜收的光华，从这些残片中，我们才能真正感受到土与火的神奇，釉与彩的绝伦，工艺与纹饰的超妙；每一片古瓷都能让我们领略一次生命诞生的过程，博大与渺小，永恒与短暂，沉寂与升华，竟然那么和谐自然地融会在一起。它比我们抚摸拍卖场上或是收藏家里的官窑完整器更能真实地感知历史，体味生命。但多少年来，历经沧桑变迁，大多数的窑址都淹没在荒烟蔓草之中，或风化殆尽，或难以寻找。所以，每一处窑址的踪迹对于陶瓷历史与文化的研究都是至关重要的。大约正是基于此，近现代以来，才有一大批考古学家、陶瓷研究学者孜孜以求地寻找古代窑址。如叶麟趾遍访古代窑址，于 20 世纪 30 年代编写出《古今中外陶瓷汇编》，保存了一大批今天已失去的古代窑址；陈万里先生“八下龙泉，七上绍兴”，终于寻找到越窑窑址；此后的冯先铭、耿宝昌、李辉柄、叶喆民、李知宴、王莉英、叶佩兰、钱汉东等先生，历尽艰辛，遍走华夏大地，发掘、调查、寻访古窑，才有了《中国古代窑址调查发掘报告集》《中国古代窑址标本》《寻访中华名窑》这些珍贵的有关窑址的著作。

从这个角度看，“五京七窑”和离我们最近的江官屯窑对于我们研究辽代陶瓷文化、地方文化甚至中国传统文化，其意义就愈发显得非凡了。

江官屯窑

很早以前，江官屯就是我喜欢去的地方。一天之中，可以上燕州山城赏古，汤河温泉洗浴，葠窝水库吃鱼。当然，记忆最深的还是行走在江官屯村头，隔着太子河，欣赏深秋季节对面燕州古城山上的绚烂色彩，或是殷红，或是浅黄，或是粉白。殷红的是枫叶，浅黄的是野菊，粉白的是荻花。河水与村庄间的漫坡上、河滩里，堆满了古瓷片和各式窑具，随手捡到几片白釉褐花瓷片或是窑砖，在河水中洗净，阳光下一照，似乎就能感受到一千多年前辽金时期流动的釉色和温热的窑火。

辽时江官屯所在地称为岩州，名称来自唐时高句丽所建的白岩城。白岩城城址在今辽阳灯塔市西大窑镇太子河北岸的石城山上（当地人又称“燕州城”），山高城险。江官屯窑址临太子河南岸，与岩州城隔河相望。岩州当时由沈州管辖，据《辽史·营卫志》记载：孝文皇太弟敦睦宫所属“州三：建、沈、岩”。岩州为沈州之属州，《辽史·地理志》称：“岩州，白岩军，下，刺史，本渤海白岩城，太宗拨属沈州。初隶长宁宫，后属敦睦宫。统县一：白岩县。渤海置。”这是说辽初时太宗皇帝耶律德光将岩州拨属沈州管辖。岩州距沈阳较远而距辽阳近，当年辽太宗为什么要将其拨属沈州，而没有归辽阳管辖呢，历史并没有记载。据姜念思先生在《沈阳史话》中推测：“耶律德光依靠母亲的支持，夺得了本来应该属于他哥哥耶律倍的皇位，又‘以东平为南京，盛语居之，尽迁其民。又置卫士阴伺动静’。辽阳是东丹国的都城，整个辽东都属于东丹的属地，而他却把沈州作为自己的领地，又把地势险要、历来为兵家必争之地的岩州拨属沈州管辖。可能都有监视、防备他哥哥的目的。”但不管什么原因，当时岩州之地确实归沈州管辖，那岩州境内的江官屯窑自然也属沈阳陶瓷文化之一脉了。

江官屯在地理位置上十分优越，它西部为丘陵地带，距辽阳城 30 公里；南面为千山余脉，距弓长岭区与汤河镇 25 公里，西南 13 公里与小屯镇对接，东南 5 公里为太子河上的葠窝水库；北面隔河与灯塔市西大窑镇相望，距沈阳 50 公里。长白山脉流出的太子河经过本溪由东而来，绕过村北，流出村西，最终与浑河一起汇入大辽河出渤海湾。太子河水在江官屯渐宽渐深地拐了一个弯，形成一个半岛，而村庄正处在这个三面环水的半岛中。据村人说村里原有两条街，因河水逐年南侵，如今只剩了一条，北街的位置大约在今天的河中心。村后的太子河南岸是七八米高的陡坡，坡上经雨水冲刷过的河崖断层中，有窑址、窑渣堆、灰坑等裸露出来，沿河近两百米的陡坡上散落着厚厚一层瓷片、窑砖和窑具等。其中最多的是厚而结实的瓶底、碗底一类，脚踏上去，一片哗哗之声，瓷片会顺着土坡滑向河滩。如今，河边的瓶底、碗底一件难寻，据当地村民说，前些年有赤峰等地人来此雇人捡拾瓷片，其中最感兴趣的是瓶底和碗底，最后足足拉走了一卡车。我曾问，他们捡这些瓶底、碗底做什么，有人告诉我说：回去烧制仿辽瓷。我顿时明白了，在今后辽瓷鉴定中，如果专家再凭以往的经验看瓶底、碗底断新老，那可就大跌眼镜了。

上千年了，种菜挖井都能发现陶瓷的江官屯人根本没把这些瓶底、碗底当回事。他们面对这大面积的古窑址，更多的是诗意的陶醉。在村边河沿，如今还能不时发现有当年窑址遗留下的结晶釉，一小块一小块或墨绿色，或深褐色，光亮而密致。当地人称其为“星星粑粑”，意即天上的星星遗落在人间的大便，这是早年人们不知此为何物而产生的联想。我真是佩服江官屯人的智慧与想象力，竟然能给这些结晶釉一个十分形象和富于诗意的名字。试想一下，那些古今中外最浪漫的诗人，也不曾写过“星星拉粑粑”的诗句，只有在这样的古村落里，有古老官窑的地方，才能激发出如此美妙的灵感。

有这样情怀的地方，自然能生产出不凡的陶瓷。自从它与古窑址联系起来，成为辽金时期“五京七窑”之一的重要窑厂之后，这名字中的“官”字就有了不同的意义，人们总要将它往“官窑”上想象。然而，不管我来过江官屯多少次，也多是游赏，还是未能将这里与“官窑”联系起来，直到 2014 年 7 月 30 日那天，江官屯窑才让我真正地刮目，原来这里竟是辽金时期的官窑所在地。

那一次是陪同辽宁省原副省长林声先生，他当时正在从事新辽三彩的烧制，为了深入探究辽瓷的釉色与纹饰，于是前往正在考古发掘的江官屯窑现场。那一次，接待我们的是主持此地发掘工作的辽宁考古队队长梁振晶先生。在盛夏的骄阳下，80 多岁的老省长从太子河的河滩到村头玉米地里的考古现场，在窑址探坑里上上下下，腿脚比年轻人都利索。那一天，梁队长讲得仔细，老省长听得认真。在考古队驻地，大量出土的江官屯窑瓷，或是粘连在一起的一摞摞碗碟，或是各种釉色和花纹的瓷片，或是大大小小的窑具，整齐地编号排列在玻璃柜里，更多的则是装在蛇皮袋中，堆垛在一起。

梁队长介绍说，江官屯窑的最早发现是在20世纪三四十年代，而大规模的考古发掘始于2013年。从这一年的7月开始，辽宁省文物考古研究所对位于太子河南岸台地上保存相对较好一处窑址（江官屯窑址一号地点）进行了发掘，发掘面积700余平方米。共发现瓷窑址12座，发掘11座，灰坑80余个，房址3座，作坊址3座。发掘的窑址基本形状均为“馒头窑”，结构可分为窑门、火塘、窑床、烟囱等四部分。发掘中还出土了大量的瓷片，遴选出1000余件窑具、日常生活用具、生产工具、玩具、建筑构件等文物标本。这次发掘进行了一年多，从实地勘察看，江官屯窑应当是一个窑址群，以辽阳市文圣区小屯镇江官屯村为中心，分布范围东到小孤家屯，西到英守村，南到山脚下，北到灯塔市西大窑镇的下缸窑村，面积达10余平方公里。

之后，梁队长引导我们来到村后太子河南岸台地上一处考古探坑前说：今年我们在这里又进行了第二次发掘，这次发掘面积400余平方米，发现窑址1座、房址2座、作坊址3座、灰坑69个，出土可复原及相对完整的瓷器标本约1000余件。此外还出土有一些陶器、铁器、骨器及铜钱等。他下到探坑里，分别指给我们：这是窑址的马蹄形外墙结构，门东向，分窑门、火膛、窑床、烟囱、窑外护壁等。他说第二次发掘取得了重要收获，出土遗迹及遗物较为丰富，从时代上可分辽、金、元三个时期，这些都为研究江官屯窑址在特定历史时期烧窑技术的转变及发展提供了新的线索。

梁队长还介绍说：去年10月，省考古研究所曾邀请国内部分考古和陶瓷专家到江官屯窑址考察，并召开了一次论证会，北京故宫博物院研究员王光尧，辽宁省文物保护专家组组长郭大顺，吉林大学边疆考古研究中心教授吕军、彭善国等都参加了这次论证。专家们一致认为江官屯窑址的发掘是东北地区对辽金时期瓷窑址进行的首次发掘，对于了解和丰富中国陶瓷史的认识具有重要意义。经过论证，其中两个方面的发现最有意义。一是江官屯窑址面积就目前发现已达10余平方公里，且距此地以东50公里处的本溪地区也发现了同时期同样风格的窑址，所以这些都应是辽代东京的附属窑厂，应该称之为“东京窑”比较恰当，而江官屯窑厂只是东京窑系众多窑厂中的一个，也是最有代表性的一个。二是江官屯窑遗址为辽代东京附属瓷窑的代表性窑场之一。排灶、瓷窑务驻地（或为窑神庙基址），在全国窑址发掘中都是首次发现。该窑址中的高温白瓷有一部分精品，还有带人名和诗词的文字瓷器，说明该窑场不仅烧民用瓷，同时也具有官窑的技术水平，可以烧制官用精品瓷。如此说来，江官屯窑应当是辽金时期的官窑之一。以上两个方面，无疑会改写辽金瓷器史或东北地区的瓷器生产发展史。

我们站在一千年前的古窑址前，听着梁队长的介绍，再细看那些窑壁上层叠的火石红窑砖，似乎还能感觉到当年的热度。江官屯，确实是让我们兴奋的一个地方，不仅仅是它名字中的“官”，最重要的是在它的窑火沉寂了一千年之后，这里的热度再次被点燃，因为在这里，在辽代东京附近，发现了官窑。

叶茂台窑

我最早去叶茂台是在 2011 年的秋天，从沈阳走 101 国道，一路西北行，进入法库界，经登仕堡，穿秀水河，过獾子洞水库南岸不远，即到叶茂台镇。叶茂台的名气是因为一个辽墓群的惊世发现，还有圣迹山以及山上的一大片古枫林。因此叶茂台获得了省级“历史文化名村”的称号。我到叶茂台不是为了考察古墓，不是为了登上圣迹山，而是为了心中惦记的“叶茂台窑”。

法库叶茂台辽瓷窑址是 20 世纪 50 年代之后发现

的。著名考古学家姜念思先生在《沈阳考古发现六十年》（报告卷）中说："在沈阳地区发现的契丹人墓中，最重要的是法库叶茂台墓群，该墓群位于法库县西南 50 公里叶茂台镇西北山坡上。该山是一座较高的独立小山，山脉从村北向西延伸，然后又折向南，平面略呈曲尺形。其南坡开阔而平缓，分布着许多辽代墓葬以及遗址、窑址等。"根据姜先生这段话，我又查到了冯永谦、温丽和所辑的《法库县文物志》，其中对此介绍略为详细："叶茂台窑址，位于法库县城西南 50 公里叶茂台镇西山南坡。附近有一处辽代居住址，可能即烧窑者所住；这里是辽代后族萧氏的墓地，已发掘有 20 余座辽代大型墓葬。此窑址窑室保存一部分，有火膛和窑床，窑室壁在火膛外略呈屈曲，在窑床处为直壁。窑址烧制灰色板瓦和筒瓦，并有板瓦滴水和兽面瓦当。此窑址年代为辽代。"这两处文字记载，说明在叶茂台辽代遗址中确有辽代的"叶茂台窑"。

那么，当年的"叶茂台窑"有没有作品存世呢？

叶茂台辽代遗址和萧氏家族墓群是 20 世纪辽宁考

古重大发现之一，列为全国重点文物保护单位。在 20 余座辽墓中出土了大量文物，尤其是 1974 年发掘的 7 号契丹贵族妇女墓和 1976 年发掘的 16 号天祚帝时北府宰相萧义墓，不仅完整，且出土文物丰富，珍品很多，引起学术界广泛关注，推动了辽代考古和历史研究。其中出土的陶瓷制品近百件，有南方和河北烧造的影青、青瓷、定窑白瓷等，也有许多辽土烧造的瓷器，如酱釉长颈盖壶、茶叶末釉鸡腿瓶、白釉剔花盘口长颈瓶、白釉三彩瓶、米黄釉绿彩划花盆、白釉花口圆盘、白釉八棱鸡冠耳酒壶、白釉莲瓣纹高足温碗、白釉瓜棱罐、白釉盘口长颈执壶、白釉三联粉盒、绿釉陶砚、绿釉卷草纹执壶、绿釉花式口温碗小注壶、印花梅瓶等。其中最具辽瓷特点的鸡冠壶也出土多件，如酱釉双孔带盖鸡冠壶、绿釉双孔鸡冠壶、绿釉单孔鸡冠壶、绿釉卷草纹鸡冠壶、白釉绳式环梁鸡冠壶、白釉环梁鸡冠壶、白釉绿彩环梁鸡冠壶等。这些辽土烧造的瓷器，到底是哪个窑口的，是“五京”附近窑烧造的，还是当年“叶茂台窑”就有烧造，我们今天已无从考知。

为了进一步深入了解“叶茂台窑”，我找来了几乎所有的公开发表的叶茂台发掘报告，从1956年的《法库叶茂台辽墓调查》开始，到1975年的《法库叶茂台辽墓记略》，1982年的《法库叶茂台十九号墓发掘简报》，1989年的《法库县叶茂台辽萧义墓》，1996年的《法库叶茂台8、9号辽墓》，2002年的《法库叶茂台第22号辽墓清理简报》，再到记述叶茂台发掘过程比较详细的《惊世叶茂台》一书，均找不到有关辽代“叶茂台窑”的相关文字。

这是一件令人遗憾的事，究其原因，我想主要是多少年来，我们的考古发掘，多是重视对墓葬的发现与发掘，而轻视对窑址的发现与发掘，重视与保护。什么原因，是不是墓葬比窑址出土文物更丰富，更能出考古成果，不得而知。叶茂台窑址是这样，东北最早的陶窑，3000年前青铜时代沈阳新民高台山窑址也是这样，发现了，或说也发掘了，但没有保存下来，也没有详细记录下来，甚至连一张照片也难以见到。这种现象，对中国陶瓷文化的研究，对沈阳陶瓷史的研究，不能不说是一大损失，令人扼腕。这一点，我们的后来人就不如金毓黻先生做得好，更不如李文信先生。正是因当年李文信先生对江官屯窑，对抚顺大官窑等的重视，才为我们留下了那么多辽瓷的研究成果,才有那样高的学术成就。

中国是陶瓷的故乡，窑址是这个故乡里最入骨的乡愁。2011 年之后，我又去过数次叶茂台。我漫步在圣迹山“南坡开阔而平缓”的地方，很想找到“分布着许多辽代……窑址”的蛛丝马迹。专家说过：“此窑址窑室保存一部分，有火膛和窑床。”无论如何，当年这里一定有一个辽代窑场，今天一定会有窑址里的窑具或是残瓷遗存下来，然而我始终一无所获。

我很无奈，也很怅然。如果当年的考古发掘过程中重视对这些窑址的保护，重视对窑址瓷片或是窑具的发现，整理出一个窑址的发掘报告，说不定今天的沈阳就会多一个辽代“叶茂台窑”。那样的叶茂台，就不仅仅是一座圣迹山，一个辽墓群，一片古枫林，一个历史文化名村的称号，可能它的文化内涵更为丰富，与法库“中国瓷谷”的符号还能做一次历史的对接。

可遗憾的是，叶茂台窑，如今只能成为一个文化记忆，一个无奈的怅想。

匣钵

辽阳江官屯的朋友早年送了我两只辽代窑址里的平底匣钵，虽然质地粗糙，有一只还瘪了许多，但我却很珍惜。这一是在此前多次谈到江官屯窑的时候，都说此窑“不用匣钵”，这两只窑址里出来的匣钵则证明，江官屯窑也是用匣钵的。二是匣钵正可用来栽菖蒲，我始终认为，水仙盆最当精致，起码也应是浅绛彩瓷；菖蒲盆最宜古朴，匣钵极好。

匣钵是盛装瓷坯入窑烧制成瓷的容器，因用途似匣，形状似钵而得名。匣钵的发明，是瓷器生产的一次革命和重大进步。

我们知道，要烧制出精美的瓷器，除了选材、施釉上的讲究之外，还有保持焙烧过程中的不染灰尘、不致黏结，保持温度的稳定性等。而后面这些条件的达成，就需要匣钵。中国瓷器自汉代以降，很长一段时间里在烧制过程中都是胎体直接接触明火。入窑的瓷器以垫烧饼和支钉等窑具，或托座叠烧，或上下相叠，这样出来的成品自然会留有支钉痕。尽管龙山文化时的山东先民在生产蛋壳陶的时候已经用上匣钵，但这种方法并未得到普及，直到隋唐时代，瓷器生产才开始逐渐使用匣钵。匣钵的耐火度，一般在1500度左右，能很好地隔绝瓷器与明火，使得瓷器能够在匣钵内自由发生反应，产生釉面上的变化，同时还保证了瓷器釉面上的光洁度。由于匣钵的密封性很好，能够有效控制进氧量，保持匣钵内相对稳定的温度和受热均匀度，从而使瓷器的装烧质量和釉面品质得以提高。

这样说来，匣钵应当是瓷器的母体。匣钵好比孕妇，装在其中的瓷坯有如胎儿。最终作为瓷器的子女们进入千家万户，有的还登上了华丽的殿堂；而作为匣钵的母亲在护佑子女安然出生之后，自己却遗留在窑址之中，湮没而无闻。为此后人曾写诗赞美这种匣钵与瓷器母子相依的关系：“丑陋村姑赍粉玉，征程风火紧相依。儿登画堂娘身碎，旷野荒坪寸草晖。”以拟人化的歌咏，强调了匣钵与瓷器的母子关系。

关于匣钵的形状，从现存窑址出土宋辽时期的匣钵看，主要有漏斗型和桶型两种。

漏斗型匣钵又分为盘式和碗式，制作规整，上部宽边处施褐色光釉，底部露涩胎，装坯时一钵一盘或一钵一碗，钵与钵码成迭，抹上稀泥浆封口。在一些匣钵上部的宽边处，往往还能找到各种铭记。这种在匣钵上做记号的现象，可能是因为搭窑烧坯，以避免各家产品相混。在景德镇湖田窑址和吉安的吉州窑址，福建建阳的建窑窑址等南方古窑出土的匣钵多为这种漏斗形。在北方一些窑址里出土的装烧碗、盘的匣钵则多是平底桶形，很少能见到漏斗形的。

桶型匣钵，装烧壶、瓶之类的产品，一般比较高大，南北方窑址均有使用。辽代窑址中所见的桶形匣钵多为小型平底，“一盘一钵”或“一碗一钵”。如辽阳江官屯窑址中就出土过粘连着定窑釉残盘的小匣钵，其钵体小而精，壁厚带釉。李文信先生在《关于辽阳江官屯古窑址的笔记与资料》中说此窑有垫烧法、支架装烧法和匣钵装烧法。可见当时此窑还是各种装烧法并用，因此今天出土的匣钵则相对较少。

此外，在一些窑址中还发现匣钵封盖，形如圆形大饼，内心下凹，边沿圆浑规整。

匣钵的使用，最早都是一次性的“一钵一器”。所以在景德镇湖田窑址，还有吉州窑址等地出土的匣钵数量很大，许多匣钵里还粘连有盘或碗，这都是一次性的，有如“胎死腹中”，成为旷世标本。

到了明代，随着瓷器烧制方法的改进，匣钵的形制也在变化。《天工开物》称：“凡瓷器绘画过釉后，装入匣钵。钵以粗泥造成，其中一泥饼托一器，底空处以沙实之。大器一匣装一个，小器十余共一匣钵。”改进后的明代匣钵壁比以前的要薄，这种薄壁匣钵可以减轻装窑的劳动强度，节省耐火材料，提高热能利用率，同时还能延长匣钵使用寿命。

清代时，随着瓷器的大量生产，匣钵制造的质量与数量也随之增加和提高。唐英在《陶冶图说》里特意提及匣钵："瓷坯宜净，一沾泥滓，即成斑驳。且窑风火气，冲突伤坯，此所以必用匣钵也。匣钵之泥，出景德镇东北里淳村，有黑、白、红三种。又宝石山有黑黄沙一种。配合成泥，入火烧炼。造法用轮车，与拉坯之车相似。不必过细，微干略加旋削，人窑空烧一次，方可应用，名曰镀匣。"由此可见出匣钵在当年中国官窑瓷器生产高峰时的重要程度。唐英时代的景德镇，到处都有专门为瓷窑供货的匣钵场，诗人龚鉽曾作百首《景德镇陶歌》，其中一首写道："滩过鹅颈是官庄，沿岸人家不种桑。手抟砂泥烧匣钵，笑他盆子满桑郎。"原注并曰："官庄在镇之下游，皆烧匣钵。"可见当年烧制匣钵比种桑养蚕的收入丰厚多了。

民国时期，景德镇陶瓷产业虽然一度式微，但匣钵生产厂家仍有 80 多户。1949 年以后，景德镇专门成立了窑具厂，主要生产匣钵。时至今日，尽管瓷器大多使用电炉，但在坚持传统烧制的窑厂里仍在使用匣钵，只不过材质有所变化，多用硅铝质或熔融石英质了，其使用寿命也达到了百次以上。

今天，所有古窑的匣钵都成为一种苍然的记忆，随着人们审美水平的不断提高，对艺术古朴性的追求，匣钵也自然成为一种艺术典藏品，甚至达到“钵比瓷贵”的程度。早年许多古窑址出土了大量匣钵，许多匣钵内还粘连有完整器，这在今天看来应当是十分珍贵的文物级艺术品。但许多古玩商人不懂其中三昧，竟然去除匣钵，取出瓷器，重新对“窑疤”进行修补，当作宋瓷或元瓷卖掉；同时又在空匣钵里用胶水粘一个新仿瓷器，冒充窑址出土的带匣钵的古代瓷器出售，这样“旧钵新瓷”的古董如今在全国古玩市场上屡见不鲜。相信用不了多少时日，这样的“旧钵”也难以见到了。

最近，有朋友听了我的这一番观点，竟然在景德镇古玩市场和湖田村农家里淘得千余件古代匣钵，许多钵内还粘有五代白釉碗和宋代影青盘。他选了两件相对完整的送我，一看就是“老瓷旧钵”。我很喜欢，与两件江官屯窑匣钵一起置于案头，闲下来，细细观赏，在尧韭的葱茏绿意中和匣钵的生命涅槃里，品鉴瓷的绚丽辉煌与匣钵的无私奉献，体味“钵比瓷贵”的道理，颇有意趣。

鸡冠壶（上）

没有什么比“鸡冠壶”更能代表契丹民族了，后世一旦提起“鸡冠壶”三个字，一般人都会想到辽阔草原上极具游牧风情的大辽国，进一步会想到辽河之源那鸡冠壶形的马盂山，而文化界中人则会想到李文信。是李文信先生开拓了辽瓷研究的体系，同时记述了鸡冠壶的最早出土和具体形制。

1940 年 6 月 14 日，一个晓风拂拂的日子，李文信先生与日本考古学家三宅宗悦等前往热河省喀喇沁右旗

（今辽宁建平）考察前一年发现的一座辽代古墓。中途宿锦州，第二天傍晚抵达喀喇沁右旗所在地叶柏寿，第三天即到叶柏寿火车站满铁病院东侧古墓现场观察。李文信先生在1941年《国立中央博物馆时报》第九号发表的《叶柏寿行纪》中记述道："此坟去年因下水道工程发现后，业经三宅宗悦博士调查一次，以鸡冠壶初次出土例见重于世，今欲加较详之发掘调查。"这是出土的"鸡冠壶"在中国文献里的最早出现，而李文信无疑是最早发现和研究鸡冠壶的中国人。

关于鸡冠壶一名的来历，现在看并不是哪个专家学者的命名，而是得自于民间。继1930年4月金毓黻先生在沈阳发现并公布辽瓷之后，考古和文博界对辽瓷开始高度关注，当地文博部门开始有计划地收藏。据辽瓷研究专家佟柱臣先生在《中国辽瓷研究》第九章里介绍："1933年沈阳博物馆开馆，许多陈列柜展出了辽三彩和鸡冠壶，这是鸡冠壶术语使用的开始，亦使鸡冠壶成为辽瓷的代表。但此时陈列的鸡冠壶都是传世品，不是考古发掘品，学术价值不高，既不知鸡冠壶的出土地点，也不知鸡冠壶与其他瓷器共存的情况。”佟先生又说：“早在20世纪30年代，便发现了鸡冠壶这个器类，它有四种名称，一称鸡冠壶，二称马镫壶，三称皮囊壶，还有一称为马盂壶。前三种，都是出土鸡冠壶地方的百姓就其形状给予的名称，命名十分形象、准确，使用的地域辽阔，流行于海内外。这些名称并非辽瓷学者首先提出，而是由于约定俗成，为辽瓷界所接受，因而也就普遍使用了。为什么叫鸡冠壶呢？因为在有一类鸡冠壶上部漫圆形的顶上有突出尖峰，下有一孔，宛如雄鸡冠部，因近鸡冠状，故称之为鸡冠壶，允矣。”佟先生所论，已将鸡冠壶之名的来历说得很清楚，客观而质实。

早已在民间传世或出土的鸡冠壶不仅在中国收藏界流转，同时也流出海外。1937年，日本考古学家岛田贞彦在《考古学》杂志发表了《满洲国出土的所谓鸡冠壶》一文，对流传到日本的传世鸡冠壶进行了初步介绍。1939年，叶伯寿火车站附近发现了一处辽墓，经过伪满国立中央博物馆奉天分馆的日本学者三宅宗悦的考察，第一次发现了出土的辽代鸡冠壶。因此有了1940 年李文信先生的叶柏寿之行，同时也有了三宅宗悦当年在《国立中央博物馆时报》第 5 号上发表的《关于最早出土的鸡冠壶古墓》一文。从此，辽代鸡冠壶开始进入深入研究领域。1941 年，时任旅顺博物馆馆长的日本考古学家岛田贞彦写成了《鸡冠壶》一文，文中谈到了辽阳江官屯（文中称为江官屯）窑出土的鸡冠壶。1944 年，满洲时代社出版了他的考古随笔《鸡冠壶》一书。此书印数不多，传世有限，我曾在沈阳旧书摊上淘得一册，是周铁衡先生“半聋楼小书巢”的旧藏。书中有几处周先生的眉批，其在《鸡冠壶》一文中所谓“辽代鸡冠壶与日本出土的提瓶有很大关系”处批语道：“与日本提瓶无有关联。”周先生早年留学日本，熟知器物学，所批自有道理。其实，日本的“提瓶”要说和中国的器物产生某种关联，倒是应该想到宋代的“携瓶”。北宋吕大临《考古图》卷十中绘有“携瓶”，原藏庐江李氏。其瓶圆体圈足斜口，旁有龙首半环形把手。并记：“右得于京师，高八寸有半，深七寸有半，径寸有三分，容二升二合，无铭识，李氏录云吏部苏尚书子容，顷使虏中，于帐中尝见之。”苏子容出使契丹，于帐中所见之“携瓶”，应当就是辽代鸡冠壶，这大概也是对鸡冠壶的最早著录。

谈到鸡冠壶的相关器型，倒是应该与辽国的前朝唐代有联系。李文信先生在《陶瓷概说》中指出：“鸡冠壶渊源于革袋,唐代金属制的‘舞马衔杯壶’也做此式，它的起源很古。”此后的考古发现进一步证明了李文信的观点，20 世纪 70 年代，西安唐墓曾出土一件白瓷皮囊壶。据李知宴在《唐代瓷窑概况与瓷窑分期》一文中介绍，此壶扁体鼓腹，成皮囊状，前后三条凸棱，前端有筒状流，背脊有一提梁，据发掘者推断，为开元天宝时代的产品。20 世纪 80 年代初又在河北唐代邢窑窑址里发现了一件白瓷矮身横梁式鸡冠壶。在江南的扬州和南通也曾出土过完整的鸡冠壶。2003 年印度尼西亚爪哇岛附近发现了一艘唐朝时期的沉船，在船上打捞出十余万件越窑青瓷，其中就有鸡冠壶。由此说来，鸡冠壶并非是契丹人的首创，而是从唐代发展而来，而唐人也不一定就是鸡冠壶的发明者，因为在传世众多唐代瓷器中，鸡冠壶不过数件，这说明此壶并非唐人的日常用器。那么鸡冠壶这种形制是从哪里传入唐代的呢？2002年，在西安出土的唐三彩中有一件胡人骑驼奏乐俑，俑的驼身上就形象地雕出了一个马镫壶，民间曾将鸡冠壶又称马镫壶，二者为同一形制。这说明，鸡冠壶很可能就是来自中亚或西亚胡商随身所带之壶，最早的鸡冠壶器型应该是从西域传入唐朝的，最终在辽朝定型，成为各民族文化交流交融的产物。

鸡冠壶（下）

俗话说“一方水土养一方人”，如此，也可以说“一种器物养一族人”。鸡冠壶来源于西域或产生于唐代，但却没有引起唐人的高度重视和大量使用，倒是成为契丹人的“看家器物”，不管传世的还是考古发现的，鸡冠壶在辽瓷制品中都有相当大的比例。据学者统计，在辽代早期 4 座纪年墓葬出土的 90 余件完整辽瓷中，就有 17 件是鸡冠壶。而在各地考古发掘的有纪年的辽代墓葬中，各式鸡冠壶共出土了几百件，数量之多，足令考古学家惊叹。究其原因，还是因为人们所处自然环境、生存方式、文化背景不同，而导致生活器物使用上的差异。所以鸡冠壶在农耕文化为主流的中原王朝不流行是很正常的，而对于游猎为生的契丹人则是最适用的器物了，日益强大起来的大辽王朝对于这种又好看又能彰显本民族特色的瓷器自然有着极大的兴趣。这就是人类因地制宜、顺应自然的智慧体现。

从《考古图》所述和辽墓中壁画里呈现的契丹人所使用情形看，鸡冠壶在辽代既是实用器，又是艺术品。其质地主要以陶瓷为主，另外还有树皮、木质与金属的，但很少流行。其中数量最多的是白釉、褐釉、绿釉、黄釉等瓷质和各式釉陶及三彩器，这是辽代鸡冠壶的主流。

鸡冠壶的形制在辽代 200 多年中也有一个不断发展演化的过程，先是单孔型，然后是双孔型，再后来，穿孔序列逐渐被提梁式序列取代。早期的鸡冠壶上部有一个孔，方便系上绳子挂在马上或挎搭在人身上。因为单孔不便固定，逐渐发展成双孔，同时为了防止壶在运动中滚来滚去，壶身下部也从浑圆型演化成了扁平型。

如辽博所藏的绿釉双孔鸡冠壶就是代表，壶腹边缘有凸棱仿皮囊接缝，腹壁两侧刻卷草花纹。这样的双孔壶体态趋扁，系于马上贴靠固定，两个孔变得大小相同而靠近，受力均衡而稳定，结实耐用，便于马上携带与捆扎。

鸡冠壶形制的变化主要是为了方便在马上使用，所以穿孔壶都是辽代早期作品，当时契丹人还处于游牧生活状态。当大辽进入强盛时代，契丹人逐步完成了由单纯游牧民族向定居型半农半牧经济社会转变后，原来因壶底小不适于摆放，双孔不适于直接把持与提拿的鸡冠壶就逐渐演变成了摆放稳定和利于提拿的提梁序列鸡冠壶。

考古发现，辽代鸡冠壶流行范围和分布区域主要在今天的内蒙古东部、辽宁西部和河北北部一带的契丹本土地区。内蒙古中西部、吉林、黑龙江、山西、陕西和河北南部也有少量发现。因为当年辽瓷首先在沈阳发现并确认，以及后来主要研究辽瓷的专家学者大都为辽宁人的缘故，所以辽宁省博物馆收藏的辽瓷最多，鸡冠壶也最为丰富，如骑猴扁体鸡冠壶、黑花白釉鸡冠壶、绿釉鸡冠壶、白釉鸡冠壶、各种釉陶和三彩鸡冠壶等，种类很多。1958 年李文信先生在《文物参考资料》上发表《辽瓷简述》，其中将鸡冠壶的造型分为五个基本类型,所使用的实物主要就是依据辽宁省博物馆的藏品。李先生所归纳的鸡冠壶五种造型分别是：

扁身单孔式——一般形状是下圆上扁，肥身平底，上有鸡冠状单孔鼻，身有凸起缝合线。即仿照左右两大皮页，下加圆底，上加管口，缝合而成的皮袋形状。早期墓中多有出土，可能是早期形式之一，有陶胎瓷胎及各种釉色的产品，但有花纹装饰的极少。

扁身双孔式——一般形状是匾身较高而上宽，平底短管口，上有双孔鼻，有的有壶盖。仿皮袋形的缝线针脚很逼直。有三种装饰法：最多的是在壶两大面划卷草花纹；有的塑贴浮起的牡丹花或云龙纹；极少数的是在上端双孔中间或后方加塑人物小像。此类陶质绿釉的较多。也是较早较少的形式。

扁身环梁式——一般形状是高身圈足，口无颈，高环梁。身有皮条和皮扣装饰。把有两种作法，有的作皮绳状，有的作皮环状，上加皮扣形为饰，也可充分看出皮袋原形。陶质的较多，白釉加绿的尤为精美。

圆身环梁式——一般形状是高身圈足，拉坯圆壶捏扁上部，加长管状壶嘴及环状提梁，提梁上多中指捏纹为饰，很少皮袋形象。单色釉陶器为多，无任何装饰，是鸡冠壶中最普遍的一种。

矮身横梁式——一般形状是矮身，横圆如鸡形，平底，管口，上有横曲梁。有的表示皮袋缝合线，有的塑贴皮条皮花状装饰，有的直作像生鸡形，并画出口、鼻、耳、目、翅、尾，十分逼真。此式很少，且皆瓷质。

李文信先生这五种分类法，科学地奠定了鸡冠壶的分类基础,尽管后来不乏学者仍在探讨鸡冠壶的分类，或简略成两类，或细化成 7 类，但都没有超出李文信的分类范畴。直到今天，学界仍在沿用李先生的分类和分期理论。

不管是从质地、造型上，还是釉色、纹饰上，鸡冠壶无疑是辽代最具代表性的陶瓷制品和艺术审美典范。它不求局部的精雕细琢，而着重追求整体的刚劲洒脱，具有一种强健、浑厚和简练之美，一种活生生的、充满草原气息的美，体现了契丹民族兼收并蓄和勇于创造的精神。它伴着辽的建立而繁兴，随同辽的灭亡而退出历史舞台。在契丹人的历史中，它已不仅仅是一种普通的生活器皿，而是寄寓着民族情感与民族精神的族属代表性器物，它已经深深内化到契丹人的血液当中。直到今天，鸡冠壶所代表的契丹精神都有着不容低估的现实意义，自信、开放、多元、进取和包容的积极民族心态以及对民族文化倔强的坚守，都是对我们民族复兴的最好启示。

2011 年辽宁省作协组织几位作家考察辽河源，我们第一站到了西辽河源之一的老哈河源头马盂山。这里也是契丹祖源，整个辽代此山周围都是“王爷马场”，当年辽景宗耶律贤和皇后萧绰曾经在此飞骑逐鹿，弯弓射雕。站在斜阳下于东南坡逆光看马盂山，其形恰如鸡冠壶上的雄鸡冠。那栩栩如生的鸡冠，似乎仍在皮囊上闪烁。有风吹过，草浪连天，风掣草旋之间，仿佛千年前的契丹人正驰骋而过，每一个马背上，都有鸡冠壶在晃动……

李文信先生说：“今日之考古学即壶的考古学。”一把壶与一座山，与一个民族就这样巧妙地融合在一起，意象相叠，不再分离。

俩梅瓶（上）

在所有陶瓷器型中，我最喜欢的是梅瓶。不仅仅是她优美的瓶形，更有她由盛酒之后置于案上插梅而观的华丽转身过程，这个过程是质朴的，也是诗意的，由此也赋予了她一个温婉而富于情致的名字：梅瓶。所以，在我所收藏的辽海本土窑口各种陶瓷中，最喜欢的则是两只辽代江官屯窑大梅瓶。尽管历经千年沧桑，不乏先天的窑粘、窑伤和后天的剥釉与冲线，但她仍葆有丰满而不失绰约之神韵。平时立于书架之上，每日与我相视，晤对古今，愈显风华。

关于梅瓶，历代文献中少有记载，学界一般认为此名首次出现是在清代寂园叟《陶雅》一书中：“器皿之佳者，曰瓶，曰盂，曰罐，曰盆，曰炉，盎、杯、盘之属。至于不可胜纪，而以瓶之种类为最多。瓶之佳者，曰观音尊，曰天球……曰梅瓶。”同书中还提到“康窑大梅瓶，有豆青地”。其实“梅瓶”之名在宋代就已出现，这可在三位南宋诗人的作品里见到。如方逢振的七律《凤潭精舍偶成》中就有：“石几梅瓶添水活，地炉茶鼎煮泉新。”刘镇《踏莎行·赠周节推宠姬》词中说：“兰斛藏香，梅瓶浸玉。”王镃的七绝《雪夜二首》其一则道：“松屋篝灯伴夜阑，闭门不管雪花寒。调朱旋滴梅瓶水，读过唐诗再点看。”以上诗词中的“梅瓶”曾有人认定是泛指插梅的容器，而不是后来专指的“梅瓶”。此说大可商榷，宋人未必没有将装酒的梅瓶用来插梅。因为宋代民间已开始流行花艺，在绘画中，花卉折枝写生数量剧增；在墓葬里，不时发现有瓶花石刻。而且后来已发现有专做装饰用的梅瓶，如 2005 年中佳信春拍曾以1000万元拍出一件“宋代耀州窑镂空剔花梅瓶”。镂空的梅瓶证明不可能为装酒物，已是专用于装饰的梅瓶了。这些都与方逢振的“石几梅瓶添水活”相合。所以，即使诗词中的“梅瓶”不是专指，至少也说明在南宋时期就已经有了“梅瓶”一词。

进入明代，中国的花艺已达成熟期，明人不仅对花艺系统化，而且还出现了多部瓶花方面的著作，如高濂《遵生八笺》中有“瓶花三说”，张谦德著《瓶花谱》，袁宏道著有《瓶史》。同时，士人喜爱梅花，尤爱梅之清瘦，诚如高启《梅花九首》中所咏：“断魂只有月明知，无限春愁在一枝。”这种对梅花一枝疏影的追求，恰似后来龚自珍《病梅馆记》中的描述：“梅以曲为美，直则无姿；以欹为美，正则无景；以疏为美，密则无态。”这种文人引以自比的梅花，正可与“梅瓶”的造型相合。尽管我们还没有找到明人关于“梅瓶”的确切记载，但无论如何，明代士人不会不以“梅瓶”插梅。

到了清代，梅瓶已完全摆脱酒器之范畴，并进入官窑序列。在寂园叟《陶雅》之前，清代内务府造办处的乾隆宫档中就提到了“梅瓶”：“乾隆二年五月十一日，首领吴书来说太监毛团、胡世杰传旨：……于本月十三日，面得……天盘口梅瓶纸样一张……奉旨：准照样发去烧造。”按照艺术的发展规律，任何一种艺术品的发明，首先是来自民间，然后为官府或上层所重视，并登上大雅之堂。梅瓶从当年的纯粹盛酒器到后来的官窑梅瓶，其间经历了漫长的千年蜕变，直到民国时期许之衡的《饮流斋说瓷》，才给了“梅瓶”一个权威的定义。他在“说瓶罐第七”中描述道：“梅瓶，口细而项短，肩极宽博，至胫稍狭折，于足则微丰。口径之小仅与梅之瘦骨相称，故名梅瓶也。宋瓶雅好此式，元明暨清初历代皆有斯制。”许之衡说宋代即雅好此瓶样式，这一点倒是与刘镇词里的“兰斛藏香，梅瓶浸玉”很相合。

梅瓶起源于何时？学界主要有两种说法，一是认为梅瓶起源于辽代的鸡腿瓶；二是认为梅瓶起源于唐，定型于宋、辽。我倒是倾向于后一种意见，虽然这方面没有明确的文字记载，但从相关史料和考古发现中还是有迹可循。如现藏北京故宫博物院的唐代邢窑白釉瓶，虽然瓶口略大，但已和梅瓶很接近了。在存世的五代越窑器中，也有梅瓶。到了宋代，梅瓶则屡见不鲜，如1951年发掘的河南禹县白沙镇北宋墓，墓中夫妇饮宴壁画上就有一只梅瓶置于束腰方座上。辽宁省博物馆所藏的明代唐寅临摹北宋李公麟《饮中八仙图》，描绘了李白、贺知章、张旭等八人坐于松林间畅饮，其中就有侍童正将梅瓶中的酒倒在酒缸里的画面。

而在宋、辽对峙时的辽地，梅瓶更是不时出现。如张家口宣化区辽代张世卿墓中的壁画上，就有三只典型的平行摆放的青绿色梅瓶。1974年辽宁法库叶茂台辽墓中也曾出土过白地褐彩刻花牡丹纹梅瓶。另外，辽宁省博物馆还藏有一件“乾二年田”款茶叶末釉辽代梅瓶，“乾二”是指辽乾统二年（1102），“田”字则是制作工匠的姓氏。

从宋、辽两地考古发现和梅瓶实物中，我们完全可以说，随着当时陶瓷生产的繁荣，梅瓶在宋、辽之时已基本定型，和后来元、明、清时的梅瓶样式基本趋于一致，只是还没有至“于足则微丰”。而辽地流行的“鸡腿瓶”是与梅瓶有所区别的另一种盛酒器，或说是为了运输时捆绑方便而制作的一种运酒器。相比鸡腿瓶，梅瓶则是厅堂里的盛酒器，二者从器型上没有源流关系，只是并列的存在。

俩梅瓶（下）

我一向认为如果在缺乏文字史料记载的情况下，最好就是以实物说话。为了说明梅瓶与辽代鸡腿瓶的并列关系，我还是以我所收藏的两只辽代梅瓶来叙述。

我的两只辽代梅瓶均来自早年间的辽阳江官屯，时间大约是 20 世纪 80 年代中期。一只为黑釉，一只为白釉带褐色菊花。这两只梅瓶在器型上与后来许之衡《饮流斋说瓷》中的描述基本相似，略有不同的则是他说“肩极宽博”，而这两只则略有“削肩”；他说“于足则微丰”，这两只足未“微丰”，而是略收。其形状与辽代张世卿墓中壁画上的三只青绿色梅瓶几乎一致，和宋、辽时的梅瓶特征也完全一致,证明它是典型的辽代梅瓶。

得到第一只黑釉梅瓶的时间记得是1986年的秋天。那次从燕州城下来，到太子河边捡瓷片，中午在江官屯一老乡家里吃饭。饭后出门时在他家酸菜缸边发现了这只梅瓶，于是搬起来端详。老乡见我喜欢，执意要送我，还热情地搬到了我们的面包车上。问哪里来的，说是老早年家里后园子挖菜窖时挖出来的。这只黑釉梅瓶上面布满了灰尘与油渍，回来在大水桶里泡了一天才清洗干净。盘口，短颈，修肩，丰胸、敛腹、圈足。通高33厘米，腹径26厘米，盘口内径3厘米、外径10里米，底径12厘米。颈上有窑裂，腹部窑变处沾了许多窑渣。大概正是她有窑裂，还沾有窑渣，粗头乱服掩盖了其原有的国色天香，才没有作为商品售出，才被湮没在古窑址中，千年之后才让人发现并遇上了我。在她的同伴们酒过三巡，大都香消玉殒之后，她开始走进我的书房。

在我书房里与黑釉梅瓶相伴的白釉菊花梅瓶也来

自江官屯。那是铜镜与古钱币收藏大家从军兄的旧藏，为20世纪80年代初在江官屯太子河边古窑址发现的。据从军兄说拿到手时瓶里还装有几百枚宋代古钱，大多是“宋元通宝”，还有数枚辽钱。我想这白釉菊花梅瓶定是当年辽代江官屯窑的窑工装铜钱用的，用自己生产的梅瓶装上进自己的积蓄和憧憬。然而不知什么原因，钱没花完，人却没了，他的梅瓶和他的存款留给了千年以后的收藏家。这只白釉梅瓶比那只黑釉的略大，形状与其相似，釉色白中透着微黄。高39厘米，腹径28厘米，盘口内径3.5厘米、外径10里米，底径12.5厘米。与黑釉瓶有所不同的是这只白釉瓶的肩部等距绘有三朵褐色折枝菊花，每一朵都信手拈来，率性而为，但却花瓣传神，枝叶灵动。另外与黑釉瓶的盘口不同，她是宋、辽时期多见的蘑菇形口，亦称翻口，即口沿有一外翻的唇边，看上去更加自然而雍容。

辽代瓷器上多喜画菊花，这可能是与辽地多野生菊花有关。1930年沈阳大东边门外辽墓中出土辽开泰七年（1018）的青釉黑花瓶上就画有菊花。那是第一只发现有明确纪年的辽瓷，时任辽宁省政府秘书长的金毓黻先生将其过程记于《静晤室日记》中，后人曾据此称金先生为“辽瓷之父”。

自从这两件辽代梅瓶走进我的书房，我即开始关注其出生地——辽阳江官屯辽代古窑。十几年间我曾数次到江官屯采访考察，那是辽阳东部太子河南岸的一个半岛形自然村，隔河就是唐时的燕州城，村北太子河岸边堆积着大量从古窑址里出土的古瓷片和古窑砖、古窑具。从江官屯古窑址的规模和发现的各种器型和多种釉色残瓷中，我们不难想象当年这里窑火烛天的繁华，因为这里是辽代“五京七窑”之一。在“五京七窑”中，“江官屯窑”以其器型的多样性，釉色的丰富性和烧制技术的独特性而别具一格，其作品除直接供给东京宫中所用外，还供应辽东及朝鲜半岛地区。

在江官屯古窑址中，还能见到许多鸡腿瓶的残器，尤其是瓶底特别多。在村里许多人家的院子里甚至院墙上也都有残破的鸡腿瓶，有的还相对完整。也曾不时有梅瓶残器出土，想来作为辽代东京属窑，这里的梅瓶生产当有一定的数量，但今天却很难寻到传世之作了，像我书房中比较完整的两件也是难以见到了，那是可遇而不可求的。但无论如何，都说明江官屯窑在辽代曾生产过梅瓶，也生产过鸡腿瓶，二者同时生产，它们之间看不出有必然的源流关系。

在中国陶瓷家族中，梅瓶是令人宠爱的“美人儿”，她犹如玉立的妙龄少女，造型典雅，典线优美；既雍容大气，又端庄妩媚；嫣然而不轻佻，洒脱又带温婉；简约而内含精细，工致而不失质朴，给人以充分的想象力和视觉美感。在传世的辽代瓷器中，梅瓶少见，如我书房中的这两件辽代成熟时期的江官屯窑梅瓶，更难寻找。因此，这两件作品后来成为“大辽官窑”酒瓶的样板，以此为原型，烧制了寿昌老窑、咸雍佳酿、天禄精酿、统和特酿、神册典藏等五种大小、釉色不一的仿辽瓷酒瓶，盛装了辽阳江官屯附近生产的具有千年历史的酱香型麴院贡酒，从而使梅瓶回归到盛酒与插梅的双重意境中。

辽阳之地，辽宁之地，辽海之地，昔日大辽之地的两梅瓶从此复活，娉娉婷婷，开始氤氲出醉人的酒香与梅香。

梅瓶秋山图

辽代梅瓶少而珍，瓶身有图案的愈加珍贵，有动物的极其珍贵。2017 年 4 月至 11 月，沈阳市文物考古研究所对康平县沙金台乡张家窑林场长白山辽墓群进行考古发掘，9 座墓葬共出土器物 400 余件，其中包括完整的宋辽瓷器和制作精美的辽代金银器、玉石玛瑙等珍贵文物。其中 4 号墓出土的纯金面具和两只绝世无双的精美梅瓶，证明墓主人的身份相当高贵。其中一只白釉黑彩梅瓶上画有五只动物，堪称辽瓷中的绝品。

这两只梅瓶属辽代晚期所制，大小器型相仿佛，其中一只为白釉褐彩，环瓶腹部是五朵牡丹花，花瓣盛开，枝叶葳蕤，喜庆而热烈。另一只为白釉黑彩，最为奇特，其中五只动物环瓶四周相互追逐，在所有辽作品中都极为少见。

白釉黑彩梅瓶口径 6.5 厘米，底径 9.4 厘米，最大腹径 19.6 厘米，高 32.5 厘米。圆唇、小口、平折沿、短细颈、鼓肩，肩部以下斜向内收，圈足底。器身除底部外均施白釉，瓶体上用黑彩绘制图案。图案共有五只动物，分别是梅花鹿一只、羊一只、狗两条和兔子一只。五只动物大小按照真实比例描绘，体积较大的鹿、羊、狗均匀地分布在梅瓶四周，其中两只狗位置相对，鹿和羊位置相对，环视四周后又可发现，这些动物在朝着同一方向跑，一只狗在追羊，另外一只狗在逐鹿。兔子则位于梅花鹿的下方，五只动物均呈奔跑状，奔跑方向一致，绘画手法写实生动，个个体形健硕，造型传神，姿态优美，充满力度。在动物上方和下方还绘有草叶纹图案，给人以风吹草低之印象。整体图案构成一幅草原上猎狗狩猎的场景，画面饱满，造型传神，犹如一幅契丹人的“秋山图”。

此梅瓶上的四种五只动物，其造型与动态既有传统意韵美，又具现代时尚感，其中的兔、羊、狗比之今天每年所创意的生肖邮票和动态漫画都生动传神，这一点我们不得不佩服800年前契丹陶瓷艺人的瓷绘手法和造型能力。

据此次发掘的考古学家介绍，这两只梅瓶能完整出土，实在是幸运。这两只梅瓶与两只鸡腿坛、两只鸡冠壶相邻，都位于4号墓的东耳室。大概是墓顶塌陷的原因，土层下落，砸倒了两只鸡腿坛，两只鸡腿坛又砸向了两只鸡冠壶，造成这4件文物中有3件损坏。幸亏这两只梅瓶与鸡腿坛、鸡冠壶有一定距离，又处于墙角，才避免了连环撞击，没被下落的土层砸到。因此，我们才能完整地欣赏到800年前梅瓶上的“秋山图”。

张家窑林场辽墓群所在地为辽时遂州所属，萧氏后族封地。在墓地以西十公里处就是彰武县四合城，即辽代遂州城址。《辽史·地理志》记载：“遂州，本高州地，南王府五帐放牧于此。”“五帐”有两种解释，一说南院大王辖下的某个部落的名字，另一种说法是南院大王管理的五支部落。因此考古学家初步判断，此大型砖室墓的形制规模、葬具及随葬品等级符合王一级的贵族身份，墓的主人有可能来源于遂州，与南院大王家族有关。

“南院大王”，那不是金庸《天龙八部》里的大侠萧峰吗？历史上的萧峰（1030—1065）是辽朝大臣，南院大王，武艺高强，英勇过人。辽代第九位皇帝耶律洪基即位后，随其南征北战，立下赫赫战功，获封南院大王，成为辽朝重量级人物。这一对梅瓶或许就是萧峰当年帐中之物,瓶上的秋山图正是他秋山狩猎时的情景。也未可知。

三孔笛

我有一对朋友送的辽金时期江官屯窑猪首埙，平时装在一只不规整的辽白瓷盘子里，放置案上，看着好玩。我也会在春日傍晚的落日楼台上，拿出来漫无节奏地吹上一气。古埙呜呜，沧然而悠长，在晚霞烟景下，在京桃花雨中，在草色遥看里，我眼前顿时会浮现出千年前的一幕场景：茫茫大草原上，牛羊悠然，牧羊的辽代少年口吹最为时尚的三孔兽首埙，“呜呜”的声音掠过草尖，招呼着他们的牛羊，放飞着他们的梦想。

江官屯窑是辽代“五京七窑”之一，位于当时的东京，今天辽阳市东三十公里的小屯镇。这里窑场规模巨大，隔太子河与岩州城对望，河岸边散落的尽是千年以前的窑场残瓷。这对酱釉猪首埙就产在这里。

猪首埙虽各残了一只耳朵，但看上去仍惟妙惟肖。猪首上的嘴夸张地拱着，鼻子噘噘着，三孔中的两只出气孔正好设计成猪的两只眼睛，吹气孔留在脑后。猪首埙只施半釉，露胎部分为猪的下颌，火石红的窑胎看上去倒很像小猪嘴巴下的褐色皮毛。

江官屯窑兽首埙多为三孔的猪首和牛首，当地人称其为“三孔笛”，也有专家称它是“兽头口笛”，但更多的学者认为它应称作埙。称呼不同，但肯定了它是一种乐器。

埙在中国大约已有五千年的历史，它的进化和发展是由音孔作为标志的。最早的音孔是一个，后来发展到两个，能吹三个音；到了父系社会晚期至奴隶社会初期，有了三个音孔，能吹四个音；到公元前 1000 多年的晚商时期，发展到五个音孔，能吹六个音；到公元前

700多年前的春秋时期，已有六个音孔，能吹出完整的五声音阶和七声音阶了。埙从一个音孔发展到六个音孔，经历了漫长的3000多年。这样说来辽金时代江官窑的埙早已是六个音孔，能吹五声音阶和七声音阶了，但为什么江官窑的埙都是三个音孔的呢？

为此，我曾请教相关专家。他们说，六个音孔的是专业的埙，而三个音孔的是业余的，是游牧民族少年们手中能吹响的玩具。这种解释也符合历史，因为江官屯窑曾发现过许多儿童玩具，如小人、小马、小猴等，三孔埙也正是这种辽代系玩具中的一个类别。

自从我有了这两只千年前辽代少年手中的“三孔笛”，我的生活里似乎又增添了一项内容，阅读有关埙和辽代历史的文字。还有就是傍晚烟霞里，露台上漫不经心的“呜呜”声，虽然不成曲调，但却充满情韵。

藉草围棋（上）

我很少下围棋，但我却很喜欢围棋，喜欢收藏围棋子，辽代的陶瓷棋子。这就像我的一位朋友一样，轻易不喝酒，但却喜欢收藏酒，辽宁地产名酒。

围棋是中国的发明，传说尧舜就曾“以棋教子”。晋朝人张华《博物志》说：“尧造围棋以教子丹朱。”还说舜觉得儿子商均不甚聪慧，也曾制作围棋教子。如果这还是传说，那《左传·襄公二十五年》记载的“弈者举棋不定”的故事则应是真实的，时间是公元前 559

年，距今已有2500多年。

2500多年的围棋史，下过围棋的人不知有多少，使用过的围棋子数量更是难以计算。然而遗存到今天让我们能见到的围棋子最多的朝代不是汉唐，不是明清，而是被中国正史边缘化的辽代。如坊间盛传的“中国古代十大围棋女神”其中第二名妙观就是辽代人。凌蒙初《二刻拍案惊奇》卷二有《小道人一着饶天下，女棋童两局注终身》一篇，说“辽国围棋第一称国手的乃是一个女子，名为妙观，有亲王保举，受过朝廷册封为女棋童，设个棋肆，教授门徒。”这位女国手教授围棋有32法：冲、干、绰、约、飞、关、札、粘、顶、尖、觑、门、打、断、行、立、捺、点、聚、跷、挟、拶、嶭、刺、勒、扑、征、劫、持、杀、松、盘。北宋中原蔡州有围棋高手周国能游辽国，慕妙观貌美棋高，寻机与其对弈多次，最后两人终成眷属，成就围棋史上一段佳话。这虽是后世小说家言，但也可从另一侧面证实辽代围棋活动之盛。

然而尽管如此，在所有典籍中却鲜见有关辽代围棋的记载，查来查去，相对完整的大概只有四个字“藉草围棋”。其他零星可寻的也只是《全辽文》卷四《耶律琮神碑》所记辽景宗耶律贤主政时的重臣，镇国军节度、检校太师兼侍中耶律琮“优游自得，不拘官爵，琴棋歌酒自娱”那句话。再有就是《大金国志》卷十二《熙宗孝成皇帝四》所载：“熙宗自为童时聪悟，适诸父南征，得燕人韩昉及中国儒士教之，后能赋诗染翰，雅歌儒服，分茶焚香，弈棋象戏，尽失女真故态。”金熙宗完颜亶是金朝的第三位皇帝，韩昉为辽国进士第一，补右拾遗转史馆修撰，后任卫尉卿、知制诰。在辽金易代之时，还是少年的完颜亶跟随父亲攻下燕京，结识韩昉，学会了“弈棋象戏”等各种技艺。这说明在燕京仕辽的汉族儒士阶层里，弈棋早已蔚然成风，辽金甫一易代，围棋活动就传染了整个新朝，致使后来当了皇帝的完颜亶也“尽失女真故态”，足见汉族文化不可抵挡的影响力以及围棋的巨大魅力。

正是因为当时和后世对辽代围棋少之又少的文字记载，才使当代在围棋界影响比较大的两部书《弈人传》

和《中国围棋》里都只字未提辽代围棋。究其原因，除了辽代典籍的大量损毁与湮没之外，还有一种可能大概就是弈棋在契丹人看来太寻常不过了，有如日常生活的举手投足，太不值得记入文字中了。而就是这“藉草围棋”四个字，还是宋人替他们记录下来的。据《宋会要辑稿》所载，北宋著名藏书家，礼部尚书、集贤院学士晁迥在宋大中祥符六年、辽开泰二年（1013）出使辽国后呈给宋真宗的《契丹风俗奏》一文中指出：“辽人……夏月以布衣帐毯，藉草围棋、双陆，或深涧张鹰。”同样的文字在南宋叶隆礼《契丹国志》中也有记载。

“藉草围棋”虽然只是简单的四个字，但却形象而生动地记述了契丹人 210 年的国家围棋史，这从一个“藉”字上就可见出。“藉”字是从甲骨文的“耤”而来，表示农人手扶犁耙，耕地匀田。篆文加了草字头，组成会义兼形声字“藉”，其义为古代供人祭拜时站、跪的草垫。所以《说文解字》解释为：“藉，祭藉也。一曰草不编，狼藉。”这是说“藉”第一层意思是祭祀跪拜时用的草垫，第二层意思是杂草不加整编，一片狼藉的样子。清楚了“藉”的这两个意思，则“藉草”一词也就不言而喻，即是条件很简陋的事。所以古人有居父母之丧，睡卧在柴草上，用土块当枕头，表示极度悲痛的成语“藉草枕块”。唐人杜甫《玉华宫》诗有：“忧来藉草坐，浩歌泪盈把。”南宋张孝祥《临江仙》词有：“试问梅花何处好，与君藉草携壶。”而晚唐诗人耿沣在《仙山行》中已将“藉草”与围棋联系起来：“数翁皆藉草，对弈复倾尊。”通过这些，“藉草围棋”一词也就其义自明了，原来是说契丹人或是坐在草垫上下围棋，或是在草原上随处将野草划拉倒后，就开始席地而弈。如此可见辽国的围棋之盛，围棋子之多。所以经过 1000 多年后，今天我们还能见到许多契丹人弈棋的画面和用过的围棋子。

契丹人弈棋画面主要来自辽墓中的壁画和出土的绢画，而围棋子则主要来源于辽墓、辽代窑址和辽地田野中。

1974 年 5 月，考古工作者在法库叶茂台圣迹山中辽代北府宰相萧义及其家族墓葬群 7 号墓中出土了一幅以围棋为题材的绢画，题为《山弈候约图》（又名《深山会棋图》）。该画长 106.5 厘米，宽 54 厘米。画面上山峰陡起，云烟升腾，山中二人对弈而坐，旁有一书童持物相侍。山下溪水潺潺，溪畔有一高士缘山路策杖而行，后随二童子，一背酒葫芦，一背琴囊。高士似是赴约进山，抚琴对弈。山上山下，两组人物相互呼应，因此题为“候约图”或“会棋图”。据专家鉴定，此绢画虽无作者名款及印记，但出土于辽代早期墓葬，应为辽早期作品，但明显有中原画风之影响，风格接近荆、关、李成一路。此画现藏辽宁省博物馆。

辽墓壁画弈棋图有两处，一处是阜新关山契丹后族，曾任左金吾卫上将军的萧德温墓中的《对弈图》。此图位于墓门右侧甬道，高 3.5 米、宽 3 米。画面上一棵高大的松树枝繁叶茂，松树下芳草如茵，两个契丹装束的男子隔棋盘“藉草”而坐，旁立一人倒背双手俯首屈身作观棋状。棋盘上以写意手法粗略地勾勒几条纵横线，无法看出是几路棋盘。该壁画出土时色泽鲜艳，因尚未掌握切割保存技术，只由考古人员按原尺寸做了临摹，其摹本现存于辽宁省考古研究所。另一处则发现于张家口市宣化区下八里村 7 号辽墓的甬道木门门额上，名曰《三老者对弈图》。画面中间一人身穿宽大袍服，戴着幞头；左侧为束髻老者，右侧为僧人模样。三人中间是棋盘，盘上的线条采用写意手法，故看上去棋盘道数模糊不清。此壁画色泽鲜艳，线条流畅，采用了勾勒、敷色、平涂等画法，技艺精湛，人物生动。该墓是辽国归化州清河郡张文藻夫妻合葬墓，从壁画上所描绘的民间普通人物看，辽代围棋已十分普及。

藉草围棋（下）

相比围棋绘画，辽墓中出土的围棋子则比较多。其中有玛瑙的、普通石头的和陶瓷的。

1968年，朝阳市纺织厂院内施工时发现一座辽墓，墓主人为辽代人常遵化。墓中出土装在陶罐内的玛瑙围棋一副，黑白子各186粒，系采用灰白色玛瑙和黑色料石磨制而成，直径1.6厘米、厚0.8厘米，两面微凸，在磨制加工基础上采用了抛光技术处理，因而棋子具有一定的光泽。此套玛瑙围棋子说明当时用的是19路棋盘，否则不能有372枚棋子，同时表明这套棋子应是墓主人生前常用之物。现藏朝阳博物馆。

与朝阳这套棋子大同小异，离朝阳不远的阜新也曾出土过一套玛瑙围棋子，共360枚，说明墓主人生前也是用的19路棋盘。1993年9月，辽宁省阜新蒙古族自治县知足山乡罗匠沟村农民秦某、马某发现山洪冲出的一座辽墓，遂私自盗掘。墓中除其他文物外，有一副保存完整的玛瑙围棋，黑子白子各180枚分别盛于腐烂的陶盒内。县文物部门和公安局闻讯后曾认真追查，可惜只收缴了5枚棋子，余皆被盗墓者盗卖失落。

在辽墓中，除了玛瑙围棋子之外，还有用普通石子打磨的围棋子。如1975年6月，在法库叶茂台10号辽墓中就出土黑白围棋子20多枚，棋子均由普通料石打磨而成，双面微凸，规格较小而且加工粗糙。该墓因早期被盗，故出土的围棋子已残缺不全。此20余枚围棋子现藏辽宁省铁岭博物馆。

1993年9月，内蒙古自治区奈曼旗白音昌营子辽墓中出土30余枚围棋子。黑子白子均由普通料石打磨而成，双面微凸。此辽墓因早期被盗，故仅发现残存的30余枚棋子。现藏奈曼旗王府博物馆。

1977年4月，原辽宁省昭乌达盟敖汉旗丰收公社白塔子大队（今内蒙古自治区敖汉旗南塔子乡白塔子村）的辽大康七年墓中，出土一副棋具，并显示为对弈之状态。该墓在摆放祭祀品的石头供桌下，放着一个高10厘米、边长40厘米的方形石桌，形状类似今天的棋墩。桌上涂有白漆，上面刻画了一副长宽各30厘米的13路棋盘，并布有石质黑子71枚、白子73枚，另有8枚黑子、3枚白子置于旁边。从棋具和棋子的摆放情形看，这应当是属于陪葬墓主人的明器一类。现藏赤峰博物馆。

相比玛瑙和普通石料围棋子，在辽墓中出土的陶瓷围棋则比较少，只是1954年在辽宁省锦西县（今葫芦岛市）西孤山的辽东京（今辽阳）留守萧孝忠墓中出土了76枚，黑、白子均用陶土烧制而成，呈圆饼形，上有模印花纹。因此墓被盗过，所以只残存了76枚。现藏锦州市博物馆。

其实，存世辽代围棋子最多的还是陶瓷制成品，主要存在于窑址中和田野里。在我所收藏的陶瓷围棋子中，部分来自窑址，部分来自田野。

来自窑址的主要是“五京七窑”，其中辽阳江官屯窑居多，是窑址附近的村民随手拾取攒到一起，初不知是什么东西，以为是儿童玩物，后经辽瓷研究学者和收藏界中人提示，方知是围棋子。这些棋子大多为素陶，个别有印花纹饰或半釉、点釉等。

来自田野中的陶瓷围棋子主要是一些古玩商人早年收自乡间，农民种地或是挖渠得到零散棋子，转手给古玩商人，日积月累，由少成多。我曾在赤峰市一家古玩店里一次淘得几千枚陶制围棋子，店主说是三十几年间从东北和内蒙古乡间搜罗积攒的。这大约也是契丹人“藉草围棋”时随手丢弃在田野上的。所以在田野上很难发现玛瑙围棋子,只能拾到珍贵程度次之的陶瓷棋子，因为珍贵的玛瑙和石制棋子大都被主人带到了坟墓里，做了自己最喜欢的陪葬品。

不管是辽墓中还是窑址田野里，从西起河北省的张家口，到内蒙古自治区的敖汉旗、奈曼旗，再到辽宁省的朝阳、阜新和沈阳地区，在这样广大的空间里不断发现大量围棋子的现象，说明辽代围棋已经普及到契丹人统治的绝大多数地区。围棋在辽代，已经受到社会各民族、各阶层人士的喜爱。据此而言，在契丹人统治北半部中国的 200 多年间，理应产生一些著名围棋高手和有影响的围棋著作，这才是合乎规律的发展结果，但是在史料中却没有片言只语的有关记述。究其原因，当是金灭辽时，长期遭受契丹人残酷压迫的女真人实施了毁灭性报复，对契丹人实行“三光政策”，辽代的典籍、档案、文字资料等悉数被毁，于是辽代围棋的文字记载几乎一片空白。所以，直到今天谈起辽代的围棋，最直接的文字记载，也还是那寥寥四个字“藉草围棋”。

辽三彩

林声先生致仕后曾连续四年到景德镇画瓷，制作了100余件青花和釉上彩瓷器，出版有《玩陶集》。之后又开始学做辽瓷，将文人画、自作诗刻画在辽三彩瓷上，赋辽三彩以新意，并出版了《辽彩新韵》一书。林公两书均邀我作序，由此对辽三彩有了更多的了解。

“辽三彩”承续“唐三彩”而来，而“唐三彩”之名几乎是与“辽三彩”同时代才有的。民国初年，河南洛阳北邙山一带陆续发现了大批北魏、隋唐墓葬，其中唐代墓葬出土大量主要以黄、蓝、绿色相间的铅釉陶器，这些墓里出土的釉陶此前不见传世，也未见于典籍，所以古董商们只好援引清代“素三彩”的概念，将这些唐墓出土，低温烧成的彩色陶器称之为“唐三彩”。不久之后的1930年，金毓黻先生在沈阳一座辽墓中发现了辽瓷并向世人公布，继而世人对辽墓出土的、辽地制作的以黄、绿、白为主，类似于“唐三彩”的釉陶也开始注意，并称之为“辽三彩”。

我国铅釉陶器最早的烧造时间可以追溯到商周时期。李文信先生在《关于我国陶瓷的几种新资料》一文中曾以河南郑州出土商褐绿釉陶尊为例说：“商周高温硬质釉陶是瓷器的原始阶段。”汉代开始，釉陶则大量出现，当时生产的各色釉陶主要有深绿、浅绿和黄等多种釉色。中国硅酸盐学会编《中国陶瓷史》说：“到了东汉时期，铅釉陶流行地域十分广阔，西至甘肃，北达长城地带，东到山东地面，南抵湖南、江西等地，均有出土。”但一直到晚清之前，陶瓷史上都没有见到“三彩”之名。“三彩”两字第一次出现是清末民初寂园叟所著的《陶雅》一书。在这部陶瓷专著里，不止一次出现“素三彩”之名：“至若康熙天然之三彩，乃造化偶作游戏。”“康窑之粗者，仪黄绿茄三色为素三彩。”“素三彩之盘、碗，各有凹雕暗龙，其浅碧一色，为鲜艳。”“康熙黑釉之瓶，上画梅花，笔意麤恶，西人目为三彩，每一只动辄万余金。”从中可见，作者对“素三彩”并不以为然，“笔意麤恶”，说明这种瓷上釉彩并未让更多人接受。

其实，《陶雅》中所说的“素三彩”瓷创烧自明代宣德年间，至正德、嘉靖、隆庆、万历时期，“素三彩”工艺已取得较高成就，至清代康熙朝得以进一步发展，成为具有特色的瓷器品种之一。其制作方法是在高温烧成的素胎上，用黄、绿、紫三种低温色料装饰，入窑经800—900℃的低温二次烧成，因不使用红彩，画面显得典雅素净。但“素三彩”在陶瓷史上并没有像青花、粉彩、浅绛瓷那样风行，倒是西方人对此很青睐，诚如民国初年许之衡在《饮流斋说瓷》所言：素三彩……西人嗜此，声价极高，一瓶之值，辄及万金。以怪兽最为奇特，人物次之，若花鸟，价亦不赀也。同一年代，而三彩之品视他彩乃腾踊百倍。”直到今天，在欧洲还不时能见到来自中国的清瓷“素三彩”，且身价仍很高。

受“素三彩”的启发有了“唐三彩”之名，又因“唐三彩”的影响而有了“辽三彩”。但不管是“唐三彩”还是“辽三彩”，都与明清时期的“素三彩”不同，因为它们并不算真正的瓷器，而是一种低温铅釉陶器。其釉色也不以“三”为限定，这个“三”只是为了说明颜色众多。

辽三彩最早烧制年代到底始于何时，尚无确切证据可考。但从有确切年代墓葬出土的器物中，发现在辽穆宗应历年（951—969）以前就已有了黄、绿单色釉陶器，可以断定从此时开始，辽代逐渐有了三彩陶器。

从考古发现看，辽代烧造三彩的窑址主要有上京临潢府（今赤峰市巴林左旗林东镇南）附近的“白音戈勒窑”和“南山窑”；中京大定府（今内蒙古宁城）附近的“缸瓦窑”；南京析津府（今北京）附近的“房山瓷家务窑”“门头沟龙泉务窑”“密云小水峪窑”“平谷云洞村窑”等。近几年考古发现，东京辽阳府（今辽宁辽阳）附近的“江官屯窑”也有少量的“辽三彩”出土。

相比辽代其他釉色的陶瓷，不管是在窑址还是墓葬里，“辽三彩”出土的数量所占比例都很小。究其原因，首先是契丹人喜欢茶酒，而饮茶饮酒多用高温单色釉瓷器，三彩器低温烧成，胎质疏松，且三彩铅釉中含一定毒素，所以不适合做茶酒等日用器，自然产量很低。其次是“辽三彩”延续“唐三彩”的功能，主要是作为随葬所用之明器，因此在釉色上它成为辽瓷中最为华丽的制品。

“辽三彩”的器型与工艺。器型主要是盘、碗、瓶、壶、盒等，罕有如“唐三彩”的骆驼、马等大型动物。在工艺上，“辽三彩”一般都是先烧素胎，后挂粉衣和色釉，入窑再烧而成。胎质较粗硬，色淡红或淡黄。在装饰上印花胎较多，塑贴花较少，雕划花也不多见。其主要方法有三种：一是使用印花器即陶范印胎，多平地稳起或半圆凸起花纹。这种方法通常用于平面造型的圆器，阳文印花，如盘、碟等。二是雕划花器，即胎未干时用尖头器雕出阴线花纹，也有与印胎合用的。立体造型的琢器，如尊、瓶、罐等一般则采用这种雕划花工艺。三是三彩釉斑器，在光素胎上挂三色釉斑片花纹，或在单色釉上再上少许另一种彩釉，使釉色变化美观。

“辽三彩”的釉色与纹饰。釉色多用黄、绿、白三色釉，兼或有黑釉、紫釉、茶叶末色釉、蓝釉、红釉、酱釉等。与“唐三彩”相比，最大的区别就是不用蓝色，施釉较厚，不交融，釉面少流淌，光感很强。所以“辽三彩”相比“唐三彩”更为明丽，尤其是它的主色黄釉，娇嫩鲜艳，视觉效果尤为突出。与“唐三彩”丰富多样的纹饰相比，“辽三彩”要单调得多，但“辽三彩”的纹饰有一个突出的特点，就是以生活中常见的菊花、荷花等花草纹饰为主，还有一些宝相花等。尤其是牡丹、芍药等在“辽三彩”中最是常见，但这在“唐三彩”却十分鲜见。南宋著名文学家姜夔的《契丹风土歌》对辽地种植牡丹与芍药两种花卉盛况有着生动的描述：“契丹家住云沙中，耆车如水马若龙。春来草色一万里，芍药牡丹相映红。”由此可知，牡丹和芍药不仅是中原人们的最爱，也颇受北方契丹游牧民族的喜爱。这自然会体现在三彩器上，还要带到墓葬里。

“辽三彩”运用中原陶瓷技艺和本民族独特审美手段，最终烧制出适合契丹人生活习惯和艺术欣赏情趣的低温彩色釉陶制品，这是一种以游牧生活和畜牧业、定居和农耕相结合的双重文化的体现，具有鲜明的民族性格、文化特征和时代气质。通过辽三彩，我们可以充分想象契丹人的大草原，那绿的是连天碧草，白的是牛羊细乳，黄的是丰收果实。有了这三种颜色，就有了大辽的繁兴，有了 210 年的辉煌历史。

黄瓦窑

今天的盛京皇宫，最夺人眼目的地方无过亭殿楼阁之上的琉璃瓦。大政殿、十王亭、凤凰楼上的金碧辉煌，映衬着文溯阁上的沉穆幽静。皇家气派和文脉渊薮在这里由黄和绿的琉璃瓦尽情呈现出来，给人以不同凡俗的视觉效果。看到这些琉璃瓦，自然就让我想起黄瓦窑，那座“大清第一窑”。

1625 年农历三月三，努尔哈赤迁都沈阳，从此，沈阳从明代的卫城一跃而成为后金的都城，在城市建设上也开始按照京城的规划实施改造。在改造中不仅继承了中原传统的都城规划理念，而且还保留了满族固有的建城传统，其中最重要的是吸收了藏传佛教的“曼陀罗”构图理念，成为中国古代都城规划建设史上唯一也是最后一个“曼陀罗”城的范例，从而创造了人类城建史上不朽的杰作。正是因为沈阳皇城的建造和在此之前后金永陵、东京城、东京陵，以及此后的昭陵、福陵等“两宫四陵”的修建，才催生和繁荣了海城黄瓦窑，使琉璃瓦成为有清一代东北陶瓷的代表。

因为盛京皇宫的琉璃瓦，让我有了寻访黄瓦窑之行。从沈阳走高速到海城，再沿 312 省道即“海岫公路”奔析木镇，在距析木镇 4 公里的地方有缸窑岭村，于此村左转北行，越过丹锡高速，进入山坳之中，只见三面环山的半山腰上有几户疏落的人家掩映在树丛中，那里就是黄瓦窑遗址。

早春时节，柳丝鹅黄，草色依稀，人家近处，都是农田和果园，除了几声鸡鸣之外，再无其他声音，真可谓地僻红尘飞不到，山深车马几曾来啊。无论如何也难以想象这里当年会是车水马龙，窑火烛天的热闹场景。

黄瓦窑遗址占地十几万平方米，现存遗址内有窑址、官厅、伙房、琉璃影壁、伯灵庙、老井、泥浆池、红土场、白土场、晾坯场等。在窑址旁、人家里、石墙间，还不时地能看到当年窑里生产的建筑构件和上了釉的瓦当。“清宁宫垂脊”“福陵大殿”“凤凰楼正脊”“永福衍庆宫垂脊筒”“福陵明楼”“昭陵角楼”“永陵配殿”“永陵角楼垂脊”“北镇庙大殿大脊”等未上釉的琉璃构件，上面所刻的文字，为当年黄瓦窑产品的流向及具体用途提供了可靠的依据，不仅清代宫与陵的建筑构件均出自此处，而且如北镇庙等东北大型古建筑建造与修复的构件或琉璃瓦也与黄瓦窑有关。

黄瓦窑的烧造时间最晚当于明末。原来古窑址有乾隆年间立的五神庙碑，碑上曾有这样的文字：“海城东南旧有缸窑，建自明代，至我朝改为琉璃窑。”另有咸丰年间重修伯灵庙祠碑，碑文有这样一段：“皇帝定鼎以来，念我侯氏祖先微功，命我祖先职考工之分司，俾得食邑于兹，世守勿替，迄今八世已历十有四任。”《满文老档·太祖卷》“卷二三，天命六年六月”里有这样的记载：“六月初七，海州城属地析木城之村人做三千五百一十只绿（釉）碗、罐子送来。”这一举动得到了努尔哈赤的褒奖，并“赐与备御职，赏银二十两”。这说明，在后金攻下辽阳之前，后来所称的黄瓦窑就已经在海城析木镇存在了，能生产出让努尔哈赤看得上的绿釉实用器，说明它的烧造技术已不一般。文献中最早出现“黄瓦”字样的是《清史稿》：“黄瓦厂，五品官一人，侯姓世袭。”

20世纪20年代，辽海学界已开始关注黄瓦窑。《东三省古迹遗闻》一书的“缸瓦岭”条就曾引用奉天政务厅厅长、著名学者金梁的话说：“缸瓦岭在海城东南三十五里，出红白土，可烧琉璃瓦，昔设琉璃窑于此。”同书又在“析木城”条进一步说：“城东北有缸瓦岭，产黄白土，可烧琉璃瓦。前清工部派员监制，以备宫殿陵寝之用。”这里的“城东北”有误，应为“城西北”。1927年10月8日，日本著名考古学家鸟居龙藏到海城考察，经过黄瓦窑，并将当时所见写入了《满蒙古迹考》一书中："自此通过沙铁店、碑楼屯、杨家店等，有一小岭。此边为烧陶器之处，土中常见其迹。下岭即有烧陶器之人家。奉天宫殿庙宇之瓦，亦在此处烧者。自此前进，午后一时顷，到析木城。"小山富士夫在《满蒙古陶器》一书中也有类似记载。

1930年，营造学社成立。从那时起，中国人自己开始有了研究和保护古建筑的组织。学社创始人朱启钤在《中国营造学社开会讲演词》中提出："吾民族之文化进展，其一部分寄之于建筑，建筑于吾人生活最密切。自有建筑，而后有社会组织，而后有声名文物。其相辅以彰者，在在可以觇其时代，由此而文化进展之痕迹显焉。"这是中国人最早发出的保护古建筑的声音。从古建筑保护与研究的角度，海城黄瓦窑引起了相关学者更多的关注，此后，著名陶瓷专家陈万里先生发表《谈山西琉璃》一文，他在文章中说："我们知道，北京烧琉璃的赵家以及沈阳的侯家，都是山西人，承造元、明、清三代陵寝坛庙。侯氏承造沈阳宫殿陵寝，烧造地点在海城县缸窑岭。据说是明万历三十五年从山西介休县贾村移来。”陈万里先生在这里明确了海城黄瓦窑与侯家的关系，与《清史稿》所记吻合。在这一期的《营造学社汇刊》里还刊发了刘敦桢的《琉璃窑轶闻》，他在文章中提到“黄瓦窑”烧琉璃所用原料时称：“用料以白马牙石与坩子土、赭石为大宗，皆产海城。又坩子土及白泥土出沈阳城东二十里王家沟，但白土仍须向海城取之。”白马牙石和赭石为配制琉璃釉的原料，坩子土和白土为制胎原料。这说明当时中国陶瓷学者已开始关注黄瓦窑的用料与生产状况了。

1958 年，丁军先生发表《海城清代黄瓦窑》一文，比较细致地描述了黄瓦窑的情况,但对侯家仍很少涉及。直到 20 世纪 70 年代末，《侯氏宗谱》在民间发现，才进一步证实了侯家与黄瓦窑，与辽阳东京城和盛京皇宫的关系。

辉煌了三百年的黄瓦窑终于在 20 世纪初走完了它的路程，随着清王朝的土崩瓦解，它也火熄烟散，以至到了 1927 年的鸟居龙藏眼里，也只是“土中常见其迹”

了。还有那个清道光二十一年（1841），因窑主侯氏烧制琉璃有功，御封的琉璃影壁，一直孤零零地立在黄瓦窑原官厅遗址的前边。1960 年，为了保护这座珍贵的琉璃影壁，有关部门将其迁移到海城市内的厝石山公园内，得以保存至今。

在我离开黄瓦窑的时候，当地侯姓老者送了我一件家中保存的绿釉龙纹瓦当，我猜想这一定是为沈阳故宫文溯阁所制。文脉所及就如黄瓦窑村边的龙湾泉一样，涓涓出山角，淙淙汇巨流。我想回到沈阳，再去一次故宫，再上一次文溯阁。

侯振举墓

因为缸窑岭，因为黄瓦窑，因为“两宫四陵”，侯振举遂成为辽海名人，侯振举墓自也令世人所关注。

海城析木镇是一座远近知名的古镇。古镇有四处知名的文化遗存，这就是青铜时代的石棚，俗称“姑嫂石”；清初剩人和尚函可曾住过的金塔寺里的“金塔”；因塔身为铁青色而闻名的辽代“铁塔”；曾为后金和清初“两宫四陵”生产过琉璃瓦的侯振举墓。

据现存于海城析木镇缸窑岭村侯维云家藏乾隆九

年（1744）初修的《侯家宗谱》所记，侯振举原籍山西介休，家族显赫，明朝末年其先辈迁至辽海，世居海城析木。在《侯家宗谱》中，侯振举位列四世祖，名后属官职："清初钦授世袭琉璃窑拖沙喇哈番，诰封昭武大夫云骑将军。"这里的"世袭琉璃窑拖沙喇哈番"一职则是世代袭领的缸窑岭之黄瓦窑"千总"。《侯家宗谱》记载："大清高皇帝兴师吊伐以得辽阳，即建都东京，于天命七年修造八角金殿，需用琉璃龙砖彩瓦，即命余曾祖振举公董督其事，特授夫千总之职。后于天命九年间迁至沈阳，复创作宫殿龙楼凤阙以及三陵各工等用。又赐予壮丁六百余名以应运夫差役驱使之用也。余曾祖公竭力报效，大工于是乎兴。选择一十七名匠役，皆竭力报效。"据此可知，在天命七年（1622）努尔哈赤定都辽阳，侯振举曾为其修造当时"东京"的八角金殿。天命九年（1624），侯家又迁到沈阳，之后为1625年迁都沈阳的努尔哈赤和皇太极建造盛京皇宫和后来的三陵（福陵、昭陵、永陵）。这样看来，当时后金在辽阳的"东京陵"也不排除是侯振举所建，或提供琉璃等建筑材料。如此说，侯振举在清初所生产的琉璃瓦和建筑构件，所用不仅仅是世人所说的“一宫三陵”，而应当是“两宫四陵”才对。

正因为侯振举黄瓦窑的贡献，他才获封五品千总，并且世袭。据《侯家宗谱》，侯家管理缸窑岭黄瓦窑一直世袭到第十一世侯廷权，“钦授工部世袭五品官总管琉璃窑七厂千丁事务，诰封中宪大夫”。据侯氏后人介绍，侯振举一直活到96岁，后来康熙皇帝东巡祭祖时还特意看望过侯振举，并赏龙头拐杖一根。

侯振举逝世后葬于海城析木镇红土岭村侯家隈子村民组老坟岗上。墓地坐东北朝西南，墓碑通高1.07米，碑首宽0.5米，碑身宽0.46米。墓碑为绿麻岩石质，碑额阴刻楷书“碑石”两字，碑首阴刻云纹，碑身两侧阴刻莲弧蕃草纹，碑文字迹模糊不清，能辨认仅“清口口口侯公讳振举位之墓”等字迹。2011年，海城市在第三次文物普查过程中，将侯振举墓列为县级文物保护单位。2017年，相关部门又在侯家崴子村举行了“侯振举故里”立碑仪式。这位对辽海地区“两宫四陵”建设做出重要贡献的“琉璃窑拖沙喇哈番”终于功成圆满，惠及乡梓。

四大督陶官

因为陶瓷，我曾三次去过景德镇。每一次都怀着一种朝圣般的虔诚和崇敬,参观和考察御窑厂和古窑址，拜访数十位当代中国工艺美术和陶艺大师。这些当代的大师们，听说我来自辽宁，来自沈阳，都会对我热情有加。他们说，景德镇的辉煌，景德镇的陶都地位能有今天，四位辽宁“督陶官”功不可没。

景德镇人念念不忘的四位辽宁“督陶官”是郎廷极、年希尧、唐英、杜重远。他们四位确实应当让景德镇人，同时也应当是辽宁人和中国人不该忘记的人物。在辉煌灿烂的中国陶瓷史上，如果没有他们四人，可能会失色很多。

清三代官窑，是中国陶瓷史上的一个高峰，创造这个高峰的人主要是景德镇的四位督陶官，即臧应选，史称“臧窑”；年希尧，史称“年窑”；郎廷极，史称“郎窑”，唐英，史称“唐窑”。四位督窑官中有三位都是辽宁人，郎廷极和年希尧是北镇人，唐英是沈阳人。这不能不说是辽宁人的骄傲。

郎廷极（1663—1715），字紫衡，一字紫垣，号北轩，斋名“纯一堂”。文献记载他“隶属汉军镶黄旗人，世籍广宁（今辽宁北镇）”，为当年努尔哈赤攻下广宁后，家族归附，以军功入旗的。据《清史稿·列传六十》所载，郎家一门在清初康熙朝极为显赫，同朝为官者就有五位。其堂兄郎廷佐曾任江西巡抚，再擢江南江西总督、福建总督，在他之前也曾是兼领景德镇督窑官。据《清史稿》等书记载，郎廷极于康熙四十四年（1705）任江西巡抚兼理景德镇陶务，任上多为百姓做事，赢得民间口碑，康熙曾赐其“布泽西江”匾额。后又兼理两江总督和漕运总督。据清李桓《国朝耆献类徵》所载，郎廷极“晦政称是”，“通籍三十年，所至无不为赫赫名”，所以卒谥“温勤”，可见他在世时的政绩与声名。

皇帝的信任与鼓励，让郎廷极专心为政，精益督陶。在任江西巡抚和兼任督陶官的八年（1705-1712）时间里，他政绩斐然，同时积极推动和主持景德镇瓷器生产，取得很多成就，使景德镇官窑、民窑都得以兴旺发展。于是朝野就将这个时期生产的瓷窑称“郎窑”，代表了康熙晚期景德镇瓷器制作的最高水平，而其中最大的成就则是一枝独秀，分外惹人喜爱的铜红釉官窑器——“郎窑红”的烧制成功。

郎廷极以封疆大吏的身份兼领景德镇御窑厂，在当时官位显赫，身后也声名卓著，但许多人不知道的是他还是一位学者、诗人、酒文化专家。著有《文庙从祀先贤先儒考》《集唐要法》《北轩集》《胜饮编》，在中国文化史上占有重要地位。

年希尧（1672—1738），字允恭，祖籍安徽怀远，于清顺治初年迁至广宁（今辽宁北镇市）。同郎家一样，年家也是一门父子三人同朝为官。父亲年遐龄曾任康熙朝的刑部郎中、工部侍郎、湖广巡抚。妹妹是雍正的妃子，并得专宠，生有一子三女，雍正继位后即封为敦肃皇贵妃。弟弟年羹尧进士出身，曾任四川总督、川陕总督、抚远大将军，加封太保、一等公，高官显爵，战功赫赫。雍正三年（1725）被削官夺爵，列大罪92条，赐自尽。年家在雍正朝中可谓备尝荣辱，大起大落。

今沈阳市辽中县乌伯牛乡有年家屯，居年姓家族人口几百人，传有家谱，系年遐龄后裔。又据沈阳新民有鄢家窝堡村，村中鄢姓自称是年羹尧后代，当年为避年羹尧之祸而改鄢姓，不知确否。

年希尧曾任直隶广平府知府、安徽布政使、工部右侍郎、内务府总管。其督窑岁月从雍正三年（1725）管理淮关税务兼领窑务开始到雍正十三年（1735），共十年时间。他督陶期间曾在景德镇重修“风火神庙”，并撰写了《重修风火神庙碑记》。其督窑期间所制“年窑”最具代表性的是天青釉。

年希尧在中国文化史上还做了一件比为政和为陶更为有名的事，这就是数学研究。他著有《视学》《测算刀圭》和《面体比例便览》，其中《视学》最为有名，是中国最早的画法几何代表作，也是世界上第一部系统的画法几何学，比法国数学家蒙日于 1799 年出版的名著《画法几何学》要早 70 年。在《中国古今数学人物》一书中，列了 32 位著名数学家，其中就有年希尧。

唐英（1682—1756），字俊公，又字叔子，自号蜗寄老人。隶汉军正白旗，沈阳人。他 7 岁入乡塾，16 岁“供役于养心殿”，43 岁为内务府员外郎，46 岁派驻景德镇厂署协理窑务。54 岁，即雍正十三年（1735）正式成为督陶官，写成《陶务叙略》和《陶成纪事碑记》。乾隆八年（1743），他 62 岁，编成《陶冶图编次》（即《陶冶图说》），制图 20 幅，详述陶瓷制作步骤。这是中国陶瓷史上第一次对窑务的科学记载和总结，是中国详述陶瓷工艺过程的第一部系统著作，对后来的中国乃至世界陶瓷业都有着重大的影响。乾隆十八年（1753），72 岁。他的《陶人心语》正续集成，共 19 卷。乾隆二十一年（1756），75 岁。这年正月于圆明园拜见乾隆皇帝，三月回到九江，冬天去世。

随着唐英的逝世，乾隆朝“唐窑”的炉火也渐渐熄灭，主要由三位从辽宁走出去的督陶官所筑就的清三代陶瓷艺术高峰从此也随着清王朝一路衰落。这一点诚如民国时许之衡在《饮流斋说瓷》中所概括的：“至乾隆则华缛极矣！精巧之至，几于鬼斧神工，而古朴浑厚之致荡然无存。故乾隆一朝，为有清极盛时代，亦为一代盛衰之枢纽也。”

唐英在景德镇督窑 30 年，后世称其为“陶圣”。在中国历史上，有许多称为“圣人”的人，诗圣、武圣、酒圣、茶圣……但这些圣人几乎没有一个是东北人。东北只有一个圣人，那就是“陶圣”唐英。

唐英不仅是一位最著名的督陶官，还是一位诗人、画家、书法家、戏曲家和文字学家。唐英的诗歌创诸体皆备，内容丰富，留下近千首诗，见景见物，见性见情。他的绘画注重传统技法，追求平淡天真的格调，讲究笔致墨韵，敷色层次分明，拙中带秀，清隽雅逸。其书法艺术，上承魏晋、汉、唐、宋之名家，行笔中自然巧妙地融入前人章法，从而创造出自己的体势，形成自己的风格。唐英的剧作内容广泛，题材深刻，曾创作剧本 17 种，合称《灯月闲情》，在中国戏剧史上占有重要地位。

唐英逝世 178 年之后，瓷都景德镇又来了一位辽宁人，他叫杜重远，他是来拯救岌岌可危的陶都地位的。

杜重远于 1898 年农历三月十五（1898 年闰三月，杜重远出生在哪个三月，没有确切记载。如果是生在第一个“三月十五”，则是公历 4 月 5 日；如果是第二个“三月十五”，则公历是 5 月 5 日）生于奉天省怀德县（今吉林省公主岭市杨大城子镇凤凰岭村）一个普通的农民家中。1917 年，杜重远满怀“实业救国”的愿望，考取了官费留学日本，入仙台高等学校窑业科，专攻陶瓷专业。1922 年冬，24 岁的杜重远学成归国。1923 年他于沈阳建中国最早的机器制瓷厂——肇新窑业，并获得空前成功。

1934 年又接受江西省省长熊式辉的邀请，任江西陶业管理局局长，重整式微的景德镇陶瓷产业并一度形成中兴局面，成功阻止了将瓷业中心从景德镇迁往九江等外地的主张，保住了陶都的地位。

杜重远在景德镇任陶务局局长期间，曾大刀阔斧地改革，收效显著，依赖行规的行业垄断被打破，景德镇陶瓷产业终于迎来中兴局面。杜重远也因此深孚众望，时人誉为瓷都的“杜督陶官”，将他和康乾时代的郎廷极、年希尧、唐英并列在一起，在中国陶瓷史上取得了重要地位，成为从辽宁走出去的四大“督陶官”。

直到今天，因为这四大“督陶官”，景德镇陶瓷业和文化圈都对辽宁和沈阳都有着不可言说的深厚情感，诚如著名陶瓷艺术大师王锡良先生在为我所写的《沈阳陶瓷文化史》题词所言：“沈水昌江一脉通。”这主要是缘于四位辽宁人，更缘于“陶圣”唐英和中兴时代的杜重远。如果说唐英让景德镇的官窑走了上世界陶瓷的高峰，那么杜重远则保住了景德镇的“陶都”地位。他们之于景德镇，切莫大焉。

陶圣

与西方把所有的神都凡人化不同，中国历史上总是要把凡人神化，于是乎就出现了那么多的“圣人”，几乎各行各业都无一例外地有自己的“圣人”。有的行业还出现了多位“圣人”，比如陶瓷。在景德镇，就有“陶瓷三圣”之说，这“三圣”即黄帝时期发明陶器的宁封子，西晋时期越窑青瓷烧制者赵慨，明万历年间烧窑瓷工童宾。如果再加上后来的唐英，那在陶瓷界则就有了四位陶圣。

四位陶圣中，前三位大多是传说，只有唐英是没有任何神话色彩的“陶瓷通人”，实实在在的“陶圣”。按通常理解，圣人是“德高望重，有大智，已达到人类最高最完美境界的人”，比如孔子。而专业方面的圣人则无疑是这一专业领域达成最高最完美境界者，比如武圣关羽、诗圣杜甫、茶圣陆羽，都是这方面的最高境界者，即《说文解字》所谓“圣者，通也”。唐英无疑就是这样一个“通也”之圣。所以今天，陶瓷界称其为“陶圣”。

称唐英为“陶圣”始于何时，没有明确之记载，这就如同中国古代其他圣人一样，多来自民间的自发，最终约定俗成，再上升到文人典籍中。如在景德镇，民间既有“陶瓷三圣”说，也有“陶圣唐英”说。据江西广播电视台报道，2018 年 6 月 9 日，景德镇古窑民俗博览区隆重举办“古窑：致敬瓷业英雄，共赏非遗‘活态’传承”活动，祭祀两位瓷业“先圣”童宾和唐英，并设计和建设“唐英纪念馆”。而在景德镇最具人气的“陶溪川”文化创意园，有最专业的“唐英学社”，学社主持人黄清华先生毕全部精力研究陶圣唐英，其事业做得极为专业和深入。在媒体上，“陶圣唐英”一词也随处可见，如龚清华写唐英的文章题目就是《一代陶圣唐英》，张敏《大清督陶官唐英》一书中也称唐英为“陶圣”。香港著名收藏家翟健民先生不仅藏有多件“唐窑”作品，还花重金从海外淘回唐英石雕像。他在《唐英：一代御窑传奇》中说：“‘陶圣’是国外藏家给他的名字，因为他对陶瓷做了很多贡献。”在国外尤其在日本，一直以来都对唐英评价极高，他们很早就称唐英为“陶圣”。

作为“陶圣”的唐英，在陶瓷领域自有其无人能比的成就。据毕生研究唐英，并于 1991 年点校整理出版《唐英集》，2008 年又编辑出版《唐英全集》的辽宁社会科学院研究员张发颖先生记述，唐英字俊公，又字叔子，自号蜗寄老人。隶汉军正白旗，沈阳人。生于康熙二十一年（1682），逝世于乾隆二十一年（1756），享年 75 岁。《八旗满洲氏族通谱》记载唐英的曾祖父唐应祖，正白旗包衣鼓人，世居沈阳地方。唐英 7 岁入乡塾，16 岁“供役于养心殿”，43 岁为内务府员外郎，46 岁派驻景德镇厂署协理窑务。54 岁，即雍正十三年（1735）正式成为督陶官。唐英共在景德镇督陶 28 年，他人生最好的时光都是以陶瓷为职业和生命的。

唐英不仅是一位懂瓷的督陶官，而且还是一个喜欢陶瓷的“陶人”，并著有陶瓷史上最完备的制陶著作《陶冶图说》。在御窑厂，他亲自管理，亲自做瓷，亲自绘瓷，这在他的诗文集《陶人心语》序中有明确的表示：“陶人有陶人之天地，有陶人之岁序，有陶人之悲欢离合，眼界心情，即一饮一食，衣冠寝兴，与夫俛仰登眺交游之际，无一不以陶人之心发之于语以写之也。故有时守其心而无语，固澹澹漠漠，浑然一陶人也。有时借其语以达其心，每似耕而食，凿而饮，熙熙怡怡一陶人也。或陶人而语陶，固陶人之本色；即陶人而不语，亦未始不本陶人之心，化陶人之语而出之也。”这不是一般官员所能悟、能写、能感受的。这是他对陶瓷情有独钟，并已经完全融入陶瓷艺术里的真正的“陶人”感受。也正是因为这样，才会出现“唐窑”的辉煌。

中国陶瓷史自唐宋以来以官窑为核心带动民窑，高峰迭起。第一个高峰应是唐时的白瓷和秘色瓷；第二个高峰是宋时的汝、钧、官、哥、定；第三个高峰是元时的青花和枢府白；第四个高峰是明时的宣德青花和成化五彩；第五个高峰则是唐英主持景德镇窑务时的“唐窑”器。诚如清代著名陶瓷学家、景德镇人蓝浦所说：“乾隆年‘唐窑’厂器也，内务府员外郎唐英督造者。……公深谙土脉、火性，慎选诸料，所造俱精莹纯全。又仿肖古名窑诸器，无不媲美，仿各种名釉，无不巧合；萃工呈能，无不盛备；又新制洋紫、珐青、抹银、彩水墨、洋乌金、珐琅画法、洋彩乌金、黑地白花、黑地描金、天蓝、窑变等釉色器皿。土则白壤，而埴体厚薄惟腻。厂窑至此，集大成矣。”“唐窑”确实集中国陶瓷之大成，无论在品种的仿古创新方面还是在器物的制作技艺方面，都达到了空前的水平，对中外陶瓷制造产生过极其重要的影响。

“唐窑”形制众多，釉色丰富，据清乾隆时梁同书的《古铜瓷器考》一书所言：“其规范，则定、汝、官、哥、宣、成、嘉靖、佛郎之好样，萃于一窑；其彩色，则霁红、矾红、霁青、粉青、冬青、紫绿、金银、漆黑、杂彩，随宜而施；其器，则规之、万之、廉之、挫之；或崇或卑，或侈或弇，或素或彩，或堆可锥。又有瓜瓠、花果象生之作；……有陶以来，未有今日之美备。”式样、釉色可谓洋洋大观，应有尽有。据记载瓷器装饰仅高温、低温颜色釉就有 57 种之多。

“唐窑”最突出的成就还是在于创新，这主要体现在装饰效果和造型艺术上。当时唐英带领御厂研制出多种奇特的瓷器造型，如镂空转心瓶、镂空转心套瓶、玲珑瓶，以及通体镂空灯罩、香熏、花篮、冠架等。这些瓷器发挥镂雕技法，充分体现了“唐窑”制瓷工艺的精湛娴熟。

如此，称唐英为“陶圣”，诚不虚也！

2006 年，是唐英逝世 250 周年，沈阳市政府为筹建“唐英纪念馆”曾委托景德镇瓷雕艺人吴建华为唐英塑像。最终 52 厘米高的唐英半身瓷雕塑像烧制成功。其瓷像洁白细腻，温润如玉，仪态威严，凝重端详，传神地再现了督陶官唐英的朴素、亲民、睿智和风雅之神采。瓷像正面底座上镌刻着景德镇市副市长汪天行题写的“督陶官唐英”五个字。瓷像于2006年端午节，即唐英生日之前运回沈阳，督陶官故土神游，这不仅是唐英的愿望，也是故乡沈阳人的愿望，从而也留下了沈阳与景德镇两座历史文化名城在中国陶瓷文化大背景下的一段交流佳话。

文人瓷

一般说来，瓷器为匠人之作，72道工序，分工明确，诚如明代科学家宋应星在《天工开物》中所说：“共计一坯之力，过手七十二，方克成器。其中微细节目，尚不能尽也。” 这诸多工序大都要经过多人之手，才能完成。所以在清中期以前的陶瓷史上，极少有一人完成且署名款和纪年的文人瓷。只有到了唐英这里，文人瓷才首开先河。

中国陶瓷史上，在唐英之前的陶瓷作品中也有落

“陶人款”的，如秦时的“咸亭芮柳婴”、六朝时越窑的“会稽上虞范休可”、唐时长沙窑的“裴家花枕”、宋代磁州窑的“张家造”、明代正德时的“陈文显造”、万历时的“程玉梓造”等。到了清代这种“陶人款”则比前朝更多，但终究还只是偶然的个案，根本没有形成一种自觉意识。究其原因，不管是御窑厂的还是民间的瓷绘家，他们所从事的都是地位低下的工匠之事，其艰辛的劳作自古以来就被列入“天下三苦事”：打柴、烧窑、磨豆腐。而舞文弄墨、赋诗作画从来都是上层文人所为，二者风马牛不相及。到了“唐窑”时代，唐英公开地在自己的瓷绘作品上用自己的书法，题上自己的诗句，签上自己的名字，报上自己的雅号，公示自己的斋馆，钤上自己的印章。最终集中国瓷、中国画、中国诗、中国书法、中国印这五种最具中国文化元素的符号于一体，成就“中国瓷本绘画”，使瓷画在保持工艺性的前提下，又达成了与纸绢画一样的绘画审美效果。同时中国瓷绘史上第一次有了知识产权的意识，这是一次破天荒的大转变，具有划时代的文化意义。

唐英这种文人瓷创作的先决条件是他首先是一位著名文人。他不仅是一位“陶圣”，同时他还是一位学者，是文字学家、诗人、戏剧家、书法家、画家。在他身上有着自觉的文化学养和艺术天赋，创作文人瓷自是他妙趣天成之事。

如今我们在北京故宫博物院、国家博物馆、上海博物馆、首都博物馆、天津博物馆和海外个别博物馆里都能看到由唐英本人设计制作的瓷画作品，这些作品以文房用具笔筒居多。如“粉彩山水诗文笔筒”“仿汝窑题诗笔筒”“仿汝釉竹节诗文笔筒”“墨彩四体书法笔筒”“墨彩开光山水诗文笔筒”等，诗、书、画、印相谐成趣，颇具文人气与书卷气，完全脱开了宫廷官窑的碧丽堂皇和缺少文化内涵的窠臼。如香港中文大学收藏的“墨彩云龙纹笔筒”，上书唐英自作诗：“指日春雷震太空，甲麟头角动英雄。乘云带雨飞千里，吸雾呼风上九重。掷杖葛陂仙法大，点睛僧壁巧人同。思波挑浪溶溶暖，一任遨游四海中。”其画其诗，比纸绢作品更具韵致。再如 2005 年春嘉德拍卖的“清乾隆唐英粉彩山水诗文四方形笔筒”，外壁两侧绘高山流水，苍松古柏，茅屋小桥，高士漫步其间；另两侧则书唐英自作诗与文，文人味特别足。还有如“墨彩诗文观音瓶”“珊瑚红釉粉彩缠枝诗文卧足碗”等，不仅诗、书、画俱佳，而且都署着唐英自己的款识。

唐英参与制作瓷器上的“陶人款”可分为落款和闲章两种。通常诗句的迎首和末尾均配以内容文雅的闲章，章之形状有椭圆、长方或方形的，用料为矾红彩。绝大多数器物上诗句迎首钤一印，末尾钤两印，也有少数器物上的诗句迎首无印，而只在句末钤印。其所书四字款识有：蜗寄居士、蜗寄老人、陶成居士、沐斋居士、榷陶使者、陶榷使者、甄陶雅玩、陶成宝玩等。三字的篆书款识有：俊公氏、督陶使、古柏堂、古泉堂、陶成堂。两字篆书印章有：唐英、俊公、隽公、叔子、蜗寄、陶人、半山、片月、松风、玉峰、沐斋、居士、古泉。单字篆书印章有：陶、榷、铸、翰、墨、钧等。此外，唐英自制瓷器底款一般落不太规范的“乾隆年制”四字两行红彩篆书款。

然而唐英创作的集中国瓷、中国画、中国书法、中国诗、中国印五种最具中国文化特色的“瓷本绘画”在清中期只是昙花一现，文人瓷画未能沿着唐英所开创的路子走下去，不仅使官窑器丢掉了一个自省的机会，也使文人瓷失去了一个借势而起的大好局面。以致清三代以降，以程序化和精美度为主的官窑器越来越没有了个性和文化内涵，纹饰、款式总是局限的那些，瓷绘步入了宫体的、衰老的、贫血的时代，萎靡不振的堕落时代。而唐英所主导的文人瓷绘的灵光，只有靠百年之后的同光时代，以程门、金品卿、王少维、王凤池所代表的浅绛彩瓷去闪烁发扬了。

又见肇新

沈阳的春天一向是轻寒料峭，暖意迟迟，清明时节偶有细雨纷纷，但也时夹一阵薄雪。在这样的时日里，我和朋友再次到惠工广场的肇新窑业办公楼前，不是为了赏景，只是为了纪念，纪念 90 多年前曾在这座楼里办公的杜重远先生。办公楼里空寂而寥落，多少与杜重远这位著名爱国民主人士、中国共产党忠诚朋友的声名有些落差。站在楼前，我想起了今年是杜重远 120 周年诞辰，也是他所创办的中国最早的工业制瓷“模范工厂”

肇新窑业成立 95 周年。而就在前些天，于沈铁路 39 号终于发现并确认了陶瓷学者寻找了多年的肇新窑业遗存。厂房依旧，窑址还在，树已古貌。这是怎样的巧合与偶然？其实世间之事，没有偶然，有的只是天道轨迹下的必然，历史到了这个结点，必然会让我们想起杜重远，又见肇新。

20 年前，杜重远 100 周年诞辰时，习仲勋在《人民日报》刊发长文《缅怀革命烈士杜重远》。文中说："永远不能忘记这位在我党处于艰苦环境下，同我们并肩战斗的战友，无私无畏地为民族解放事业而献身的革命烈士。"是啊，永远不能忘记，尤其是沈阳人。因为杜重远先生不仅是革命先烈，同时他作为著名实业家，创办了中国第一家现代陶瓷工厂,为曾经走出唐英的"陶圣"故里沈阳，创造了中国陶瓷史上最为辉煌的一页。

杜重远于 1898 年农历三月十五（1898 年闰三月，杜重远出生在哪个三月，没有确切记载。如果是生在第一个"三月十五"，则是公历 4 月 5 日；如果是第二个"三月十五"，则公历是 5 月 5 日）生于奉天省怀德县

（今吉林省公主岭市杨大城子镇凤凰岭村）一个普通的农民家中。小学毕业后以优异成绩考入奉天省立两级师范附属中学。当时，在全国人民愤怒声讨“二十一条”的热潮中，杜重远深感民族存亡，匹夫有责，于是苦苦思索什么才是救国之路。一天，他偶然在一本窑业杂志中看到一篇载有日本人在大连开办大华窑业会社，欲占领中国陶瓷市场的文章，内心颇不平静。瓷器是中国发明的，是中国的国粹，远在唐宋时期，日本就多次派人来学习。如今，曾被世界称为“瓷器之国”的中国，竟在市场上一蹶不振，而日本国内生产的瓷器则以“价廉物美”冲击着中国市场，进而又在中国设厂制造，将严重地危害中国的陶瓷生产。杜重远深感“唯有振兴实业，才能拯救中国”，于是下决心复兴祖国的陶瓷业。1917年，杜重远满怀“实业救国”的愿望，终于考取了官费留学日本，入仙台高等学校窑业科，专攻陶瓷专业，成为中国这一专业最早的留学生。1922年冬，24岁的杜重远学成归国。当时，有很多人劝他做官，他却不为所动，依然坚持要以所学专业贡献于祖国，立志经营瓷业，建设一座现代化的陶瓷厂，以实现实业救国的夙愿。

为了实现在沈阳建厂的目标，他投亲访友，多方募集资金，在奉天城北小二台子购地 100 亩，创办“肇新窑业公司”。以“肇新”命名所创办的窑业公司，不难看出杜重远的深刻用意。“肇新”，意即“始新”，谓新的开始。以“肇新”为窑业之名，即想以此开创中国民族工业新局面，达成以实业救国之目的。

杜重远的创业梦想，在当时沈阳民族工业奠基人张志良和后来主政东北的张学良的支持下得以实现，先是机制砖瓦，继而机器制瓷。至 1930 年，肇新窑业有工人 600 多名，年机制瓷 800 余万件，红砖年产 4000 余万块。肇新窑业的成功，在陶瓷生产领域沉重打击了日本的经济侵略野心，为国家挽回了诸多利权，给当时的民族工业发展打下了一个良好的基础和示范作用；率先使瓷器生产实现工业化制作和工业化管理，无疑是一场陶瓷产业革命，在中国陶瓷史上具有里程碑的意义，为当时东北地区的城市现代化建设做出了重要贡献。

在那样一个半殖民地半封建社会里，在国内军阀混战和日本帝国主义疯狂进行经济侵略的东北，杜重远和他的肇新窑业能在民族陶瓷工业上取得如此骄人的辉煌业绩，不能不说是一个奇迹。以致十几年后，当年曾任辽宁省政府秘书长的著名史学家金毓黻先生还在日记里对杜重远记忆犹深：“诚为辽土之杰，年大将军羹尧以后一人而已。”将其与辽宁北镇人，康雍时代著名大将军年羹尧相并列，足见对其评价之高。时至今天，肇新窑业对于研究中国民族工业史、陶瓷发展史和今日陶瓷文化产业创新与发展都有着重要的历史与现实意义。

因为肇新的成功，杜重远也成为中外知名的企业家和陶瓷专家。1929 年，张学良又聘其为“司令长官公署”秘书，协助处理对日交涉问题。同时他还以商会领袖的地位成立了“辽宁国民外交协会”，发动和组织民间力量，开展对日斗争，取得了很大的成绩。

九一八事变后，肇新窑业被日军占领，杜重远因此前坚持抗日，驱逐日货，成为日军追捕的要犯。于是他怀着满腔怒火离开沈阳到天津，再到北平，参加了旨在支持组织东北抗日义勇军，抵抗日本军国主义侵略的

“东北民众抗日救国会”，并与高崇民、阎宝航、卢广绩、王卓然等成为9人常务委员和张学良身边核心组成员之一。后来到了上海，通过夏衍第一次会见了周恩来。又接受江西省省长熊式辉的邀请，任江西陶业管理局局长，重整式微的景德镇陶瓷产业并一度形成中兴局面，成功阻止了将瓷业中心从景德镇迁往九江等外地的主张，保住了陶都的地位。1935年，因其主编《新生周刊》所发《闲话皇帝》一文被判入狱，其间曾两度会见张学良，为其精辟分析当时的抗日形势，明确指出联合抗日才是中国唯一的出路，对张学良在西安与中共的合作起到了重要作用。1936年秋，他出狱后即赴西安做张学良的工作，坚定其联共抗日决心，终于促成了西安事变。对于杜重远在西安事变中的作用，习仲勋曾有这样的评价：“世人对张学良、杨虎城的这次具有历史意义的爱国行动都给予高度评价。在这里应当记住，杜重远是促使张学良与东北军转变的最初推动者。正是他根据周恩来的指示，对张学良反复做了大量的工作，才会有以后发生的事情。杜重远功不可没。”西安事变中蒋介石被扣，正在江西景德镇的杜重远则被国民党软禁，直到张学良送蒋介石回南京后，杜重远才获自由。

由于杜重远的声望和影响，在有宋子文、宋美龄、周恩来、张学良、杨虎城参加的和平解决西安事变、改组南京政府的谈判中，周、张、杨曾联合推荐杜重远同宋庆龄、沈钧儒、章乃器等人入行政院，以宋为领导人，杜、沈、章为次长，但这一方案后来未能实行。1944 年，杜重远在新疆遭盛世才迫害，壮烈牺牲。

对于杜重远和中国共产党及民族解放事业的关系，习仲勋说："杜重远不是共产党员，但是他一身正气，刚直不阿，为国家的独立、民族的解放追求真理，在中国共产党最困难的时候认识共产党，并毅然接受共产党的领导，为实现第二次国共合作作出了重要贡献。"正因为这样，从邓小平开始，党和国家领导人江泽民、胡耀邦、习仲勋、习近平、朱镕基、温家宝、邓颖超、王震、刘延东、韩正等对杜重远或有题词，或致信其女儿杜毅、杜颖，表达对杜重远的深切缅怀与纪念。

在纪念杜重远先生 120 周年诞辰之际，令人欣喜的是我们找到并确认了当年肇新窑业在沈阳的工厂旧址和相关窑址。那天，一大群沈阳的文保志愿者和我一起走进了经过 95 年历史风云，数次变换主人的肇新窑业工厂，航拍图和当年肇新窑业生产的青花瓷盘上的工厂全景图几无二致。厂房用的全是窄而厚，质地坚致，与民国时期所建东北大学教学楼同样的肇新窑业机制红砖。当年炼釉所用耐火砖垒成的熔炼竖炉还在，炉边高大的铁烟囱虽已锈迹斑斑，但仍能感受到当年窑火熊熊的热烈；而炉边数个炼釉的坩埚，则通身沾满了厚厚的色釉，斑驳而沧桑。

肇新窑业工厂遗存将使沈阳 7000 年的陶瓷史鲜活起来，相信时间不会太久，肇新窑业遗址就会变成独具个性的陶瓷文化主题公园和创意工坊，那将是我们对杜重远先生最好的纪念。就这样想着，我离开肇新窑业办公楼，回首间，发现楼旁的碧桃花开得正好，路边的残雪也掩不住那一抹粉红的旖旎。

春天来了，又见肇新。

机制瓷

肇新创业之始，杜重远即以机制砖瓦开端，从而拉开了工业化制瓷的序幕。

烧结砖瓦行业从古至今已有几千年悠久的历史，近代以前的砖瓦生产工艺大都是制作模具，以模具成坯再入窑烧制。砖还简单些，瓦则复杂得多。制瓦的模具包括底盘、木制的轴心、套在轴心上的瓦筒、套在瓦筒外的布筒等，都是纯手工制作。1840 年以后，随着西方列强的入侵，西方工业文明也开始传入中国，一些主要城市出现了机制砖瓦厂，从西方购进砖瓦制造机器。这标志着我国延续几千年的手工作坊式的烧结砖瓦生产走向了工业化生产的开端，同时也是我国民族工业形成之始的一个重要分支。在日本学了五年窑业技术，留学归来的杜重远在肇新的砖瓦生产中当然要实行机器制造。

从现存的《奉天肇新窑业股份有限公司十二年上半年营业报告》中看，1923 年肇新成立之初，主要精力是用在购地、建厂、打井和原料储备上。成立了三个厂，即洋灰瓦工厂、青砖瓦工厂和红砖瓦工厂。添置的主要机器设备有：制砖机、制瓦机、架瓦木架、木母子等。此时他们使用的还是国产的制砖、制瓦机，生产青砖和红砖各半。这主要是为了适应中国建筑的习惯多用青砖的缘故。

1924 年，肇新要扩大生产规模，于是购买了 18 筒烧红砖的新式轮窑。轮窑也称环窑或霍夫曼（Hoffman）窑，是德国工程师霍夫曼 1865 年发明的。清光绪二十三年（1897）在上海浦东引进了国内第一条 18 门的轮窑。到了1906年，国人也掌握了建造轮窑的技术，开始在全国各地建造轮窑，因轮窑为投资省、建设周期短，工艺操作与技术管理简单的经济窑型，因此得到广泛的推广使用。

为了配合轮窑的生产，肇新同时还增加了链式人工干燥室，配备了链板式给料机、锤式破碎机、强力搅拌机、可逆皮带布料机、切条切坯机、步进机等。虽然个别工序仍有手工业生产方式的残留，但就其生产的主要环节及规模来说，已经开始脱离旧式生产的束缚。

轮窑和机器制造大大提高了砖瓦的生产速度与产量，当年就实现青砖产量90万块，红砖产量120余万块。接下又添建日本瓦窑5座，仿制日本瓦，并安装水泥砖瓦机器四架，制水泥及水泥瓦。到1925年秋，共烧成青红砖1000余万块，日本瓦40余万块，水泥砖瓦30余万块。不仅产品数量增加，而且肇新窑业所生产的砖瓦已占领全部沈阳市场，并开始向沈阳以外的地区销售。

在实现砖瓦工业化生产之后，接下来杜重远就开始筹划机器制瓷。在肇新的发展规划上，砖瓦毕竟是陶瓷业的低端产品，瓷器才是更具挑战性的高端产品。1926 年春，肇新“实收资本金 48 万元，建设瓷厂，筑瓷窑四个”，拉开了千人生产的机器制瓷厂的序幕。

在制瓷设备上，杜重远首先向国内机器工厂招标，但没有应标者，不得已才向日本名古屋中央铁工厂订购电热窑等整套制瓷设备。同时又增添了颚式粗碎机、大石轮碾磨机、一吨量釉料球磨机、磁气吸铁器、泥浆搅拌机、34 版压滤机、挤泥机、捏练机、摩擦机动压匣钵机、匣钵料混和机、破匣钵粉碎机等。

瓷器生产让肇新的厂房、机器设备等都有大规模增加。工厂内设有 6 个生产陶瓷的分厂和车间，如制料厂（将原料制成瓷泥）、成坯厂（将瓷泥制出成坯）、绘釉厂（将素烧成品绘花挂釉）、窑厂（将绘釉成品烧成瓷器）、检收厂（将烧成瓷器审查后分等包装）、机器厂。制料厂有粉碎、搅拌油泥等各种新式机器多台；机器厂里还能自己发电，有 75 马力发电机一台、电动机三台。到了 1928 年以后，肇新窑业的瓷器已基本占领东北市场，据1930年版《东北年鉴》工业篇介绍，1930年肇新窑业生产瓷器已达800余万件。

进入1930年，肇新窑业已完全走上良性发展之路，砖瓦与陶瓷生产均达到了相当的规模,且销售趋势旺盛，民族品牌基本取代了日本等西方陶瓷产品。此时的杜重远计划进一步扩大生产规模，建立一个强大的陶瓷生产基地，以充分实现其实业救国的伟大理想。

1930年5月，经过慎重考察论证，决定在东北建立陶瓷分厂，具体的建厂地址选在了吉林省洮南县。此事，当时东北最大的新闻媒体《盛京时报》曾以“肇新窑业公司勘定第二陶器厂”为题报道：“城北肇新窑业公司经理杜乾学，现赴洮南勘定陶器制造厂一处，决定建厂，制造陶器，正在筹划中云。”洮南县地处吉林西北部洮儿河南岸，历史悠久，素有“千年古城、百年府县”之称，交通发达，瓷土丰富，是一个建陶瓷厂的理想之地。

在筹划建立第二陶瓷厂的同时，肇新窑业又开始规划可持续发展，其中最重要一项内容就是培训人才，建肇新窑业学校。这件事在当时可谓是一件很有意义的新闻，为此《盛京时报》以“肇新窑业公司开办窑业学校”为题报道说：“辽宁肇新窑业公司总经理杜乾学，自由日本归国，即创立窑业公司，迄今七八年之久。该公司所制出砖瓦瓷器，颇得社会之欢迎，该经理为培养窑业人才起见，即在二台子窑地院内创办一肇新窑业学校，所有教授人员，以该公司技师等担任，校长职由杜氏自行兼理。刻已组织就绪，不日即可订定章程，广告招生云。”从中可看出肇新的企业精神和对未来发展的远见卓识。

到了1930年末至1931年初，肇新窑业达到全盛之时。1931年上半年，为了进一步扩大产量，肇新在原来已有3座瓷窑的基础上，又投资新建4座瓷窑，产量拟再增一倍。《盛京时报》跟进报道，以“肇新窑业扩充”为题说：“城北二台子肇新窑业公司，现有三座窑烧制瓷器，因求逾供，感觉有扩充之必要。该公司乃决定添筑四座新窑增加出品量数，以供社会需用云。”为了扩大瓷器的销售，肇新还在东北地区设了50多家分销代办处，东北很多地方特别是辽宁省内各县均积极推销肇新瓷器，大众也纷纷购买，致使日本等外国瓷器在东北市场“几无立足之地”。不仅在省内，总经理杜重远在关内和南方各地也加大宣传力度外，邹韬奋在上海主办的《生活》周刊曾撰文介绍肇新窑业，从而扩大了肇新在全国的影响。到了 1931 年 8 月，“九一八事变”之前，8 个月的时间，肇新已生产日用和工艺瓷器 530 多万件。肇新窑业的机器制瓷终获大胜，成为举世皆知的“东北之模范工厂”。

肇新窑业的成功不仅填补了东北乃至中国工业制瓷的空白，同时也改变了东北不得不依赖日本陶瓷的境况，还使我国的陶瓷工业分布得到了均衡发展。明清以来，中国陶瓷产地主要集中江西、安徽、广东、广西、四川、河南、山西、甘肃、云南等地，东北陶瓷始终未能得到规模化发展，尽管辽宁的海城，黑龙江的哈尔滨和伯都讷，吉林的舒兰都生产建筑陶瓷，缸窑或日用瓷，但始终是手工作坊式，规模较小。直到肇新窑业开始机器制瓷，至每年生产近千万件的产量，才使东北的陶瓷产业在中国的陶瓷领域里有了地位。据杨大金《近代中国实业通志》的记载，到了 1930 年，肇新窑业已与当时的江西瓷业、新瓷公司、蜀瓷公司、川北瓷厂、裕华公司、启新瓷厂、新安瓷厂等，一起成为闻名中外的大瓷厂。

全景肇新

在我所收藏的肇新窑业生产的瓷器里有两种“辽宁肇新窑业公司全景”盘。一种是青花，一种是釉下五彩。青花图案为贴花，釉下五彩为手绘，但两种图案上的工厂结构布局基本是一致的，应该是当年肇新窑业工厂的真实写照。

当年在瓷器图案选择上，肇新窑业所用更多的是传统纹饰，如人物纹、鱼纹、鹤纹、马纹、凤纹、孔雀纹等。同时，肇新窑业还根据时代特点，设计创制自己的瓷器纹饰，以满足特定时代的审美需求。如肇新当时有一种最具时代特征的纹饰“提倡国货”，画面上有三个童子，两个抬着国产商品，一个高举着写有“提倡国货”的红旗。童子活泼可爱，意寓深入人心。这样的纹饰既新颖耐看，又起到了爱国主义的宣传作用，可谓一举多得，从中可见出肇新在瓷器纹饰上的与时俱进。而“辽宁肇新窑业公司全景”盘也是自创的一种图案，一方面反映了民族实业机器制瓷的风貌，同时也向社会宣传自己的企业，纹饰本身就是广告。

当年杜重远在沈阳建陶瓷厂取名，颇经一番深思熟虑，因此厂名是寄予深刻寓意的。一个“肇”字即能说明这个企业的不同以往，有着首开、初创之意，即肇始、肇端，如晋代张华《大会歌》中的“肇建帝业，开国有晋”和孙中山先生《黄花岗七十二烈士事略序》的“顾自民国肇造，变乱纷乘”等文中的“肇”字都是这个意思。而杜重远在此字的基础上又加一“新”字，既“肇”且“新”，其意尤为不凡。“肇新”一词最早见于宋代苏轼《皇帝达太皇太后贺大辽皇帝正旦书》：“岁律肇新，邻欢载讲。恭被慈闱之诲，远通庆币之诚。”当年杜重远以“肇新”为窑业之名，就是强调了这个企业的“始新”即新的开始之意，以此开创中国民族工业新局面，达成以实业救国之目的。

肇新窑业全景图正从一个侧面反映了杜重远开创民族工业新局面的欣欣场景。从瓷盘的图上可以看到，当年肇新窑业工厂的百亩占地是一个拐折形，厂大门在折形的内角上。工厂主体生产区是七排南朝向二层楼房，高高竖立着4根大烟囱。主厂区右侧为宿舍区，5排南朝向平房。主厂区左侧为办公区或附属区，有南朝向楼房和平房多幢，另有东西向平房一幢。工厂最北侧有数幢南向平房，一字拉开。厂区里还有排排绿树、树坛等。整体画面表现得既井井有条，又生机盎然，一派工业肇新之景。盘的下方，三行隶书“辽宁肇新窑业公司全景”。釉下五彩盘上方正中有圆形篆书“肇新”两字标志，青花盘无此标志。

我所收藏的这件釉下五彩“辽宁肇新窑业公司全景”盘，直径24厘米，圈足上有三个挂盘孔。盘正面有题赠款："阁忱仁兄清赏。弟尹殿元持赠。"上款的"阁忱"是张作霖的把兄弟、盛京副都统、陆军第28师师长、冯庸的父亲冯德麟的字。持赠者"尹殿元"是民国时沈阳的一位企业家，也是肇新窑业的股东之一，在辽宁省档案馆所藏肇新窑业有限公司招股章程里，就有他的名字。他与冯德麟以兄相称，可见二人关系非同一般。选了肇新窑业公司当时最好的手绘釉下彩瓷盘赠与这位当时东北的二号人物，自也是此物不菲。

釉下五彩应当是肇新窑业所生产的高端产品。这种彩瓷于湖南醴陵首创于清末，有些是单纯的釉下彩，也有一些是釉上和釉下混合彩，都是两次烧成，先高温烧成白釉瓷器，或是白瓷连同以青花表现的蓝色部分，经釉上彩绘后再低温烧成。釉下五彩则是分三次烧成，先以800度左右的低温烧瓷胎，然后绘彩，再以同样的温度第二次烧造，使彩料中的有机物挥发，最后施高温透明釉第三次烧成。釉下五彩的基础颜料是用金属氧化物或它们的盐类为着色剂，与一定量的硅酸盐原料配制而成，材料本身就不含铅毒，这种颜料不需要釉上颜料那样采用含铅很高的熔剂辅助发色和降低焙烧温度，而是在1350—1400℃高温烧炼中，彩料中的熔融物与熔融状态的坯釉互相黏合，覆盖的釉层能抵抗自然酸碱的侵蚀。釉下五彩具有耐磨损，永保花色清晰、鲜艳、明亮的优点。其色泽极为丰富，几乎涵盖所有色系。色彩效果五彩缤纷，浓而不俗，淡而有神。画面光亮平滑，清雅明快，晶莹润泽，具有饱满的水分感。肇新窑业只在少数工艺瓷中使用这种方法，其作品在今天已极为难得。

肇新窑业全景盘所展示的是当年这一民族工业品牌的辉煌，通过此盘，我们可以感受到著名爱国民主人士杜重远和那一代人艰苦创业，志在救国的壮志情怀，令人敬佩和感念。

瓷样

早年沈阳古玩市场地摊上不时能见到一份经折形式印刷的“辽宁肇新窑业公司瓷器图样”，共八折，每折高 27 厘米，宽 9.6 厘米，打开后全长 77 厘米。图样中介绍了肇新窑业生产的日常生活所用的青花制品共 16 件套，有碗、盘、壶、杯、盂、烟灰缸等。图样上说：“除上列出品图样十六种外，如羹匙、酒盅、花瓶、看盘诸种因种类不同，价格各异，致未详列。”又说：“凡直隶、东北范围下之各省均予免税五年……价格极廉，爱用国货诸君，当闻风而兴起也。”这份瓷器图样主要为销售订货和宣传所用，类似我们今天经常见到的产品宣传单。从这份瓷样上，我们可以清楚地知道当年肇新窑业生产瓷器的类型与品种。

肇新窑业的瓷器生产将传统手工业与现代机制结合起来，正如瓷样所介绍，在器型上种类齐全，丰富多样，充分展示了肇新的生产和工艺创新能力。

肇新的瓷器生产与销售是以实用器为主的，着眼点是普通大众的消费。这样的定位更符合现代机制瓷的生产特点，并迅速形成工业化生产规模。

当年肇新的实用器到底生产了多少种，虽然时隔不到百年，但我们今天已很难具体说清。因为对瓷器来说，实用器即是易耗品，每一个家庭一套日用瓷器平均的使用寿命一般在 10 年左右，除去破碎，即使完整也很难保存下来。肇新的日用瓷器在“九一八”之前大约生产了 1700 万件，“九一八”之后虽然几经周折变化，甚至到了破产边缘，但生产一直持续到 1982 年划归沈阳高压开关厂，这期间经历了 50 年，少说也能生产瓷器2000万件左右，那么整个肇新从1923年到1982年，60年间，生产各种瓷器当在4000万件左右，且肇新的瓷器，大都带有底款，很易辩识。但到今天，我们不管是在民间古玩市场，还是博物馆，却很难见到一件肇新瓷器。

因为见不到更多的实物和相关的文字记载，对于肇新生产瓷器的器型，我们只能从极少的民间藏品和零星史料中察看到，肇新实用瓷器的主要器型是碟和碗，其次是壶、杯，也有花瓶、糖罐、渣斗、烟灰缸、汤匙、酒杯等。这些，我们从当年《东三省官银号月刊》上所刊载的“辽宁肇新窑业公司砖瓦陶器两部制造样品”的照片都可以看到。肇新的日用碟种类很多，有粗瓷蓝边碟，有细瓷青花碟，从3寸到9寸的小、中碟，到1尺2寸的大盘，型号有十几种之多；碗有4寸、5寸、6寸的小碗，也有6寸以上的大碗。

正是因为多种多样的实用器，才让肇新的产品深入家庭之中，并迅速占领了东北市场，形成民族陶瓷业的品牌。

肇新在大量生产机制日用瓷的同时，也根据市场需要，生产机器与手工结合的工艺瓷。这些工艺瓷质量上乘，釉色地道，留存到今天，每一件都已十分珍贵。

从留存下来的很少的工艺瓷中看，其器型有褐釉开光观音瓶、刻花瓷盘、单色釉划花生肖盘、肇新窑业公司全景图釉下五彩盘、豆青釉印花印泥盒等。这些工艺瓷做工精湛，不管是画意还是釉色，在同时期的民国瓷器中也属上乘之作。惜瓷样中未做介绍，我们今天只能从极为稀少的传世作品中欣赏了。

杜督陶官

第三次到景德镇时，我特意去了一次市内的莲花塘公园。不是为了游览，更不是为了看莲花，而是要寻找杜重远的足迹。只可惜，当年杜重远在这里办公的江西省陶务局和他所创办的“陶业人员养成所”早已不见了踪迹，只有草树依然，水波荡漾。好在附近还有珠山御窑厂，还有“十大瓷厂陶瓷博物馆”，陶都永在，当年杜重远的一番苦心没有白费。

“九一八”不仅打断了东北新建设蓬勃发展的现

代化进程之路，同时也破灭了杜重远在东北实业救国的梦想。然而沈阳肇新窑业的成功无疑使杜重远成为工业时代机制陶瓷的领军人物，不仅在工业技术上，更重要的是在民族品牌经营和现代企业管理上，他都是当时不可多得的关键人物。20 世纪 30 年代景德镇陶瓷业的复兴过程中，越发显出杜重远的价值。

中国陶瓷业在景德镇经历了康雍乾三代官窑的高峰期之后，即逐渐走上了一条衰退之路，“陶都”的地位已岌岌可危。进入民国之后，景德镇面对的则是势不可挡的洋瓷入侵。1930 年，中国瓷器的进口量第一次超过了出口。中国这个以瓷器命名的国度，其看家的瓷业，彻底败给了西方瓷业。

中国瓷业面临前所未有的危机。在东北，杜重远虽然以肇新窑业打败了日本，但中国却在更广阔的国土上失去了瓷器的半壁江山。

1931 年末，熊式辉任江西省政府主席，为了发展江西经济，急于振兴景德镇陶瓷业。当时在江西省政府里，相关部门综合一些专家的意见，欲将制瓷中心从景德镇迁往九江，理由是长江边上的九江交通便利，星子高岭土产地离九江也很近，如此在九江建机械化生产的瓷厂可行性更强。反观景德镇，陶瓷从业者思想守旧，而且行派相互倾轧，瓷业凋敝。另外景德镇地处偏僻，公路和铁路交通几乎是空白，航运还须靠天吃饭。熊式辉也很赞同上述观点，于是着手安排得力之人主持瓷业振兴。正是这个时候，他接受了宋子文的推荐，向杜重远发出邀请。

依旧是实业救国的理念在推动着杜重远，他接受了熊式辉的邀请，于 1934 年 8 月的一个傍晚，在蒙蒙细雨中，经过 11 个小时的车程，和同伴们终于从南昌抵达景德镇。在景德镇期间，杜重远对当地的陶瓷产业进行了深入的考查，然后将自己的考察结论，写成了调查报告，这就是著名的《景德镇瓷业调查记》。此文最早在《江西民国日报》上连载两天，反响特别强烈。

杜重远在《景德镇瓷业调查记》中谈及调查原因时说："因欲改革瓷业，必先明了瓷业的衰落原因，欲知瓷业的衰落原因，不能不调查中国第一瓷区的景德镇。”经过深入调查，他认为景德镇的病象是：“劳力而不知劳心，分工而不知合作；视惯例如成法，嫉革新如寇仇；营业尽管萧条，而组织一仍其旧；样子尽管陈腐，而制法毫不更新；若晓以世界情形、国家利害，更如对牛弹琴，痴人说梦。”而病因则是“政府之放任所致也”。因为杜重远在充分调查基础上提出的振兴景德镇的改革计划有理有据,再加上杜重远与宋子文的关系，熊式辉对此改革计划慨然应允。1934 年 12 月，江西省陶业管理局在景德镇成立，杜重远担任局长。在局长任内，他主要从以下四个方面对景德镇的瓷业实行改革，并收到了明显的效果。

首先，杜重远提出了振兴景德镇瓷业的主张，确定“陶都”不可动摇的位置。经过多方交涉，江西省政府最终采纳了杜重远的意见，决定重振景德镇瓷业，并由杜重远主持其事,从而避免了景德镇制瓷中心的转移。

其次，成立陶业管理局。邀请了张浩等许多陶瓷专家前往陶业管理局任职。同时，杜重远还希望瓷业改革能获得地方政府的更多支持，于是向熊式辉推荐爱国人士阎宝航的胞弟阎模凯担任浮梁县县长。

其三，制订了一系列改革陶瓷工业的措施。一是取缔每年春节后连续两个月不烧窑的“禁春窑”行规；二是禁止窑工向窑主交钱获得上岗的“买位置”；三是取缔宾主固定制，各行各业可以货随客便；四是确定窑身规格；五是筹建原料精工厂，统一下料配方；六是建模范窑厂、瓷厂；七是筹建陶瓷工业研究所；八是建议改革烧瓷燃料结构，将烧柴改为烧煤；九是兴建陶瓷陈列馆；十是设立陶瓷推销处，广开瓷器销路；十一是建立陶政管理专业机构，加强陶瓷工业管理等。同时还创办了陶业试验所，在试验所里，人们可以参观到机械化的制瓷方式，对景德镇的现代工业化制瓷起到了推动作用。

其四，创办“陶业人才养成所”。“陶业人员养成所”位于风景秀丽的莲花塘畔，与陶业管理局办公室相邻。该养成所由杜重远亲自兼任所长，并聘请十几位陶业界知名人士任教，招收了 72 名学生，时人将其与孔子座下的“七十二贤人”相比，一时成为佳话。这些来自赣、沪两地的精英学子很快便在杜重远的瓷业改革计划中发挥作用。另外杜重远还设立了几个夜校式的工人训练所，分期分批招收 1600 多名景德镇的陶业工人入学，由养成所的学员任训练员，目的是培养陶瓷工人的文化技术，提高陶瓷工人队伍的素质，逐渐形成一支改良陶瓷工业的基本队伍。

杜重远大刀阔斧的改革收效显著，依赖行规的行业垄断被打破，景德镇陶瓷产业终于迎来中兴局面。杜重远也因此深孚众望，时人誉为瓷都的“杜督陶官”，将他和康乾时代的臧应选、郎廷极、年希尧并列在一起，在中国陶瓷史上取得了重要地位。

1935 年 7 月，杜重远因在《新生》周刊刊载《闲话皇帝》一文被监禁。1937 年 6 月，杜重远在景德镇作了最后一次讲演，之后再没能回到瓷都。没有了杜重远的景德镇，改革事业流产，瓷业重归行派把持，景德镇重新陷入艰难时期。但陶业养成所培养出来的“七十二贤人”却成为后来景德镇陶瓷业和其他方面的重要人才。他们有的去了九江的光大瓷厂，有的跟随杜重远奔赴抗日前线，有的留在了瓷业管理局工作。中华人民共和国成立后，还有多位当年的学员在人民政府里担任要职。

直到今天，景德镇陶瓷业和文化圈，对沈阳都有着不可言说的深厚情感，诚如著名陶瓷艺术大师王锡良先生题词中所写："沈水昌江一脉通。"这缘于"陶圣"唐英和中兴时代的杜重远。如果说唐英让景德镇的官窑走了上世界陶瓷的高峰，那么杜重远则保住了景德镇的"陶都"地位。

肇新遗存

2018年，是肇新窑业成立95周年，杜重远120周年诞辰。近一个世纪的时间，风云变幻，世事沧桑，杜重远虽然已经逝世74年，所幸他创办的肇新窑业遗存还在，能让我们感受当年这一著名民族品牌的产业与艺术魅力。这一年里，我曾数次到肇新窑业办公楼前，细细品味这座小楼的精致，还和一群文保志愿者发现并确认了肇新窑业工厂遗存，同时在《人民日报》刊发了《又见肇新》一文。

我们今天所能见到的肇新窑业遗存有两处，一处是位于沈阳北站前惠工广场上的惠工街 92 号肇新窑业办公楼，早年民间称之为“杜公馆”。另一处位于现在大东区沈铁路 39 号，当年称为“大北边门外小二台子”的肇新窑业工厂。

肇新窑业办公楼占地面积 3146 平方米，整座楼坐北朝南，呈 V 字形，正面 3 层，两翼 2 层，均为砖木结构。3 层上原有一层塔楼，后被大火焚毁，现塔楼的位置是后来建的亭式塔尖，突出了中央楼体的高耸感。此楼为中西合璧式建筑，从外观看，全楼是灰蓝色与白色线条搭配。门柱顶端饰有希腊古典建筑三种柱式之一的“爱奥尼”柱头，纤细优美。二楼两侧窗外栏杆是葫芦瓶形镂空装饰，中西结合，典型呈现。楼的后面是透明的玻璃墙体，两翼二楼屋顶覆有中式瓦片。进入楼中，V 形结合部是中厅，有 X 形楼梯通到二楼。一楼和二楼均是一侧为走廊，一侧为办公室。二到三层是旋式铁艺楼梯，栏杆为铁艺卷草花纹。综观全楼，既有西方古典艺术气息，又具中国传统文化元素，同 20 世纪 20 年代沈阳所建的多处奉系公馆风格基本一致。

进入 21 世纪，沈阳建设北站前的中央商务区，决定拆迁窑新窑业办公楼，并在距此楼不远的东西快速干道南侧仿建了一个新的。新楼建好，旧楼正欲拆迁的时候，杜重远的孙子杜光群先生应辽宁画院党委书记、副院长徐萍之邀来沈阳，住在鲁迅美术学院。徐院长约我与杜先生相见并看了几件我收藏的肇新瓷盘，谈话间杜先生说得知爷爷的肇新窑业办公楼要拆迁，想找沈阳相关部门讲一讲，那是文物，最好保留。我提示他说，此事你找地方领导恐难办成，唯一的办法是请你的两位姑姑杜毅、杜颖联系中央相关领导，干预一下或许文物能保留下来。杜先生接受我的意见，说回北京就找两位姑姑。后来，文物级的肇新窑业办公楼得以保存，以至于今天的沈阳隔着一条快速干道竟有着新旧两座肇新窑业办公楼的奇观，这多少有些滑稽，其无知与逆文化行为，为沈阳留下了颇具讽刺意味的一笔。

肇新窑业另一处遗存则是当年的工厂。2018 年 2 月 27 日，有文保志愿者找到我，说发现了肇新窑业工厂和宿舍，现正在拆迁，是否应去看一看。在此之前，历经近百年的肇新窑业工厂，后来更名为沈阳日用陶瓷厂，1982 年又转为沈阳高压开关厂。数年前高压开关厂破产关闭，所以致使令人对肇新窑业工厂旧址难以确认，许多年轻的文保志愿者曾多次寻找，但始终难以落实下来。第二天，我同一群文保志愿者还有大东区文体局的一位局长到了现场，见当年的工厂已拆了许多，遍地都是20世纪20年代肇新窑业初期生产的青砖与红砖，拆迁工人将完整的砖垒成一垛垛码在木板上，用尼龙带捆扎着，有几十垛。据现场工人讲，这些砖 7 毛钱一块卖给了一个大连人，大连人再高价转卖给日本和韩国。

在拆迁现场，除了到处散落的当年肇新窑业生产的青砖和红砖外，还有窑具、模具等。其中最令人欣喜的是，当年耐火砖垒砌成的炼釉有的熔炼竖炉还在，炉边高大的铁烟囱虽已锈迹斑斑，但仍能感受到当年窑火熊熊的热烈；而炉边散落的数个炼釉坩埚，则通身沾满了厚厚的色釉，斑驳而沧桑。

未被拆迁的厂房，均用红砖砌成，其红砖厚而窄，砖芯红艳而密致，与民国时期的东北大学教学楼所用红砖一致，均为当年肇新窑业机制砖。厂区里，当年肇新窑业厂房大部分还在，其中东西向两排和南北向多排保存完整。厂区里高大粗壮的杨树、柳树、榆树有多棵，应是当年建厂时所植。同行的沈阳网记者对厂区全景进行了详细的航拍，航拍图和民国时期该厂生产青花盘上的“辽宁肇新窑业公司全景”几无二致。由此确认，这就是当年的肇新窑业工厂遗存。在拆迁工地，我偶然发现了半掩在灰土中的蓝地白字铝片门牌：沈铁路 39 号。

发现并确认肇新窑业工厂遗存的当天下午，我与相关人员向沈阳市委宣传部部长冯守权做了汇报，并建议此地不应拆迁，应尽快采取措施，予以保留。冯部长当即给大东区相关部门领导打电话，建议停止拆迁，尽快召开论证会，将其作为不可移动文物进行保留并进行相关的文化保护与产业开发。

3 月 1 日，《沈阳晚报》和沈阳网以《见证 95 年前中国现代机器制瓷的辉煌一页——肇新窑业工厂遗存在沈阳大东发现并确认》为题，进行了深入报道，并引起相关部门和社会各界的重视。

2018年5月，沈阳文史馆所承担的中央文史馆“辽瓷在沈阳的发现与研究”课题的专家成员到景德镇考察。我与几位馆员、研究员重点考察了颇具知名度的“陶溪川文化创意产业园”，深感沈阳肇新窑业工厂遗存和“陶溪川”的前身有着惊人的相似之处，沈阳完全可以利用肇新窑业工厂遗存打造东北的“陶溪川”，建设“肇新窑业文化创意产业园”，集陶瓷文化、陶瓷教育、陶瓷创意、陶瓷产业、陶瓷旅游于一体，形成沈阳文化产业新品牌。

沈阳在中国陶瓷史上地位独特，有着7000年的制陶史，发现了3000年前的古窑址，走出了中国“陶圣唐英”，成就了“辽瓷之父”金毓黻，诞生了民国时期首屈一指的中国机器制瓷企业肇新窑业。在现代陶瓷产业中，南有“中国瓷都”景德镇，北有“中国瓷谷”沈阳法库。雄厚的陶瓷文化与现代陶瓷产业对接，那将是怎样的一种辉煌。

我期待，肇新遗存最终能成为东北的“陶溪川”，成为沈阳最具活力的文化新地标。

中国瓷谷

2015年，我在法库采访两天，后来发表在《人民日报》上的《鱼梁鹤影》一文就是这次采访的结果。在那篇文章里，我说法库是一个不缺水的地方，沈阳市有50座中小型水库，法库县境就有23座，几近一半，其中沈阳的10座中型水库也有7座在法库。那次采访，我还知道法库除了水的丰沛，还有矿产资源的丰富，尤其是非金属矿产资源种类繁多，具有较大开发价值的就有30余种，占全辽宁省20%以上，占沈阳市70%以上。其中瓷土、膨润土、硅石、硅灰石、方解石、沸石等30多个品种的非金属矿产储量之大、品位之高、种类之全位居世界前列。因此法库有“全国瓷土基地县”的称号，是陶瓷产业最理想的生产基地。从2002年开始，法库开始发展陶瓷产业，经过10年努力，终于一举成名。2013年9月，中国建筑材料联合会正式命名法库为“中国瓷谷”。

“中国瓷谷”，这看上去是一个有如美国“硅谷”般的具有现代概念的称呼，其实，它也是中国地理地貌的名称，即“谷地”。因为美国“硅谷”中的“谷”也是实指，是旧金山湾区南部圣塔克拉拉境内两山之间的平缓谷地。所以“中国瓷谷”中的“谷”也正符合法库陶瓷生产地区两山相夹形成谷地的地貌特征。而“瓷谷”则说明法库陶瓷产业的规模、成就、科技含量在我国的领先地位。所以谓之“瓷谷”，则名正而言顺。

中国建筑材料联合会授予法库“中国瓷谷”的标识也很独特，圆形设计，红黄两色，热烈辉煌，象征窑火，代表中华。标识中间采用辽代鸡冠壶的演绎变化图形，简约的流线，寓土与火的交融创意，龙凤涅槃，腾挪翻转，充满生机。以此设计，一是说明法库与辽文化之渊源，另外暗寓法库陶瓷文化的悠久历史。

法库在历史上从来就不缺少陶瓷，尤其在辽代，法库属地，窑火烛天。在今天的考古发现中，仍能见到叶茂台窑，在姜念思先生《沈阳考古发现六十年》（报告卷）的前言中和冯永谦、温丽和所辑的《法库县文物志》都有提及。《法库县文物志》还记述有另外三处辽代窑址。一处是周地沟窑址："周地沟窑址，位于法库县城南 1.5 公里红五月乡（驻法库镇内）周地沟村东的山沟北坡，窑址下有小溪。由县至三面船公路在村内通过。窑址范围，长宽各 30 米，文化层深 1—1.2 米。部分窑址被现代窑及房屋破坏。地表散布红烧土、烧砖、残陶器、陶管、口沿、圆柱状柄陶片。圆柱状耳及釉陶器片等。"另一处是务名屯窑址："务名屯窑址，位于法库县城东南 25 公里马贝堡乡务名屯村西营子。窑址之西是一处辽金时代遗址。窑室在断崖上暴露出来。窑壁高 1 米，壁厚 0.3 米。窑室长 4 米、宽 3 米。窑门向南。

窑室内外皆有红烧土。”还有一处是北土城子窑址：“在法库县包家屯乡北土城子村辽代城址城外东南部 50 米处，有烧制灰色长方砖的砖窑遗址。” 这是辽金时期以烧制建筑用砖为主的窑址。

辽时法库西境为灵山县治，东境属祺州，千年之后发现的 4 处辽代窑址证明了当时的祺州和灵山县陶瓷业的繁兴。因缺少这方面的文字记载与实物发现，我们对当年这四处窑址所烧制的瓷器或建筑用砖瓦材料的具体情况已很难考证，但从窑址这般密集分布的情形看，法库至少从辽代开始就已经成为陶瓷生产重地，虽然还不能和当时的“五京七窑”相比，但其拥有的资源和生产规模，却是可观的。今天的法库能成为“中国瓷谷”，可见是有着深厚历史渊源的。

有了这样的陶瓷生产资源和陶瓷文化积淀，新时期的法库陶瓷产业如晴空一鹤，排云而上。完成了陶瓷产业从无到有、从小到大的历史跨越，其陶瓷产业集群已引进陶瓷生产及配套企业 200 余家，建成厂区 20 多平方公里，直接安排就业近 10 万人，年创产值 450 亿元。

陶瓷产品覆盖了东北三省及内蒙古、河北、山东、北京、天津等地区，并远销美国、俄罗斯、西班牙、日本、韩国、朝鲜等多个国家和中国台湾、香港等地区。成为东北亚地区最大的领军型陶瓷生产、研发、销售基地，全国五大陶瓷产地之一。

在规模不断扩大的同时，法库不断提升陶瓷品质和科研创新质量。组建了院士专家工作站，国家级陶瓷产业研发中心、新产品研制中心，拥有 40 多名教授、博士、硕士等研发团队，近 200 套国内外最先进的陶瓷研发分析设备。已研发先进陶瓷项目 30 多个，申报发明专利 20 多项，注册了近百个法库自主品牌，形成了 12 大类 30 多个品种的现代陶瓷生产体系。同时还与沈阳工业大学联办陶瓷学院，与中央美院、鲁迅美术学院相关专业，景德镇陶艺大师等经常开展陶瓷创作交流，大力开发陶瓷艺术品、收藏品，赋予法库陶瓷产品鲜活的文化内涵,以此增加“瓷谷”的科技含量和艺术创造性。

今天，在调整产业结构的过程中，“中国瓷谷”更加注重优化产业，以“高端化、品牌化、绿色化、智能化”为主题，加速技术创新、环保改造、产品和产业结构的调整以及品牌化建设。全面实现“煤改气”，下大力气关停12条低端、落后产能生产线，强力推进打造绿色化样板区。与世界知名卫浴企业合作，扩大洁具生产规模，一座年产值超百亿的高端卫生洁具产业园已基本建成。法库陶瓷正在向品牌化、国际化迈进，千亿产业规模的国内企业最密集、集成度最高的“中国瓷谷”将成为与“中国瓷都”景德镇相媲美的陶瓷圣地。

因为有“中国瓷谷”，从而让沈阳的陶瓷文化有了接续不断的一脉传承；因为有这样厚重的陶瓷积淀与文化脉络，也从而让“中国瓷谷”有了根基，有了源泉。由此我相信，有水的法库，有陶瓷的“中国瓷谷”一定会有更大的作为，更辉煌的未来。

后 记

戊戌仲夏，小暑之日，沈阳下了大半天的雨，天凉如水。傍晚，我写完本书最后一篇《中国瓷谷》，出门散步。园区主路，皂角、国槐高大茂密，树荫蔽天，行走其下，不时有雨珠滴落。幢幢楼前，桑葚刚谢，红杏已熟，山梨渐大，青李硕肥。徜徉林间，看灰喜鹊飘逸的追逐，听伯劳清冽的呼唤，我想世间没有什么比此时更好的心情了。

对文人来说，写作就是一种快乐，而完成了一篇文或一部书的快乐就更难以述说。我今年有三部有关陶瓷的书要完成，在此书之前，交稿了一部散文集《瓷寓乡愁》，是大连古耜兄组织的“国粹文丛”之一种，另有沈阳市哲学社会科学专项资金资助项目《沈阳陶瓷文化史》要年底出书。而这一部《盛京瓷话》则是有关沈阳地方陶瓷文化的随笔结集，为沈阳出版社“文化沈阳”书系之一种。

《盛京瓷话》是以散文随笔的形式，记述了沈阳7000年陶瓷发展史上最具亮色的人物、事件、窑址、产品等，共40篇文章，以历史发展顺序排列。从新乐古陶中的《火簸箕》，到沈阳人最早的《甑黍饭》；从青铜时代的《东北第一窑》，到郑家洼子出土的仿生器《陶蛙》；从2300年前的《候城井圈》，到五城时代的《“千秋万岁”瓦当》；从发现并确认辽瓷存在的《辽瓷之父》，到辽瓷中最具代表性的《鸡冠壶》；从盛酒器华丽转身到斜插梅枝的《俩梅瓶》，到契丹人无下不在的《藉草围棋》；从皇宫琉璃瓦说起的《黄瓦窑》，到中国陶瓷史上的《陶圣》；从民国时期中国机制瓷的典范《又见肇新》，到当代与“中国瓷都”相媲美的《中国瓷谷》，将沈阳陶瓷史上最可述说的历史与人物做了散点式的描述。

中国是陶瓷的故乡，地方窑业则是这个故乡里最入骨的乡愁。《盛京瓷话》作为写作题材无疑是一个小众中的小众。但是对中国人来说，没有什么比陶瓷更能“上得厅堂，下得厨房”了，所以陶瓷题材一定能收到小众定位，大众拓展的效果。

这本书的写作大约用了半年时间，但我对沈阳陶瓷的关注、收藏与研究却是十几年前的事了。回首这十几年，诚如李白《下终南山过斛斯山人宿置酒》中的一句：“却顾所来径，苍苍横翠微。”这半年下来，写作完成，其感觉又有如此诗中的另一联：“绿竹入幽径，青萝拂行衣。”个中滋味，还像幽林散步，不时听到草树间涓涓的流水声，还有树丛里伯劳的欢快叫声，不必细说。

写于戊戌蒲月沈水浅绛轩